2015
World Dairy Report

2015
世界奶业发展报告

2015 World Dairy Report

李胜利　主编

中国农业大学出版社
·北京·

内容简介

该书系统、客观地描述了中国、美国、荷兰、新西兰和爱尔兰2014/2015年奶业发展情况。全书共6章，主要内容包括：奶牛养殖业发展、乳制品加工业发展、乳制品消费发展、乳制品贸易发展、政策和奶业科技进展。

图书在版编目(CIP)数据

2015世界奶业发展报告 / 李胜利主编. —北京：中国农业大学出版社，2016.8

ISBN 978-7-5655-1664-1

Ⅰ.①2… Ⅱ.①李… Ⅲ.①乳品工业－经济发展－研究报告－世界－2015 Ⅳ.①F416.82

中国版本图书馆CIP数据核字（2016）第177035号

书　　名　2015世界奶业发展报告

作　　者　李胜利　主编

策划编辑　孙　勇　　**责任编辑**　孙　勇

封面设计　郑　川　　**责任校对**　王晓凤

出版发行　中国农业大学出版社

社　　址　北京市海淀区圆明园西路2号　　**邮政编码**　100193

电　　话　发行部 010-62731190，2620　　读者服务部 010-62732336

编辑部 010-62732617，2618　　出　版　部 010-62733440

网　　址　http://www.cau.edu.cn/caup　　E-mail cbsszs @ cua.edu.cn

经　　销　新华书店

印　　刷　涿州市星河印刷有限公司

版　　次　2016年9月第1版　2016年9月第1次印刷

规　　格　787×1 092　16开本　7.5印张　140千字

定　　价　85.00元

主　编　李胜利

副主编　曹志军　姚　琨　刘玉满

编　委（按姓氏首字母排序）

毕研亮　曹志军　都　文　杜卫华　郝海生　康道桐

李　静　李胜利　刘　凯　刘　潇　刘玉满　刘长全

亓宝华　史海涛　王斐然　王力生　王雅晶　夏建民

肖鉴鑫　徐硕烁　杨敦启　姚　琨　赵学明　朱化彬

前言 PREFACE

国家奶牛产业技术体系每年都要发布中国奶业回顾和展望，供奶业行业主管部门、奶业协会、奶业科研工作者以及奶牛养殖者等参考。本书同时选取了北美洲、欧洲、大洋洲 4 个奶业发达国家——美国、荷兰、新西兰和爱尔兰，对其 2015 年奶业发展情况进行了盘点，便于读者对比学习。

五国奶业发展主要围绕奶牛养殖业、乳制品加工业、乳制品消费、乳制品贸易以及政策和奶业科技进展等内容展开。

本书由国家奶牛产业技术体系查阅大量文献和数据记载后编撰而成，作为 2014 年出版的《世界奶业发展报告》的补充，希望对奶业同行有所帮助，同时也回报大家多年来对国家奶牛产业技术体系予以的关怀和支持。时间仓促，工作的疏漏之处，请同行们海涵！

国家奶牛产业技术体系首席科学家　李胜利

2016 年 5 月

目录 CONTENTS

2015 年中国奶业发展报告

2015 年美国奶业发展报告

2015 年新西兰奶业发展报告

2015 年荷兰奶业发展报告

2015 年爱尔兰奶业发展报告

2015年 中国奶业发展报告

从2014年下半年开始,我国奶业进入了为期3年左右的调整阶段。养殖结构持续调整，生鲜乳供需矛盾凸显，部分地区出现生鲜乳收购限量、拒收现象，成为这一时期的典型特点。2015年是我国奶业持续调整和转型的一年，生鲜乳产量增长近乎停滞，生鲜乳价格持续下降，养殖效益下滑，乳制品的消费增长低迷，乳制品的大量进口对我国奶业仍然存在较大冲击。奶牛养殖行业发起了“提质、节本”的提高产业竞争力行动，整个行业仍然在困难中等待黎明的曙光。

一 奶牛养殖业

（一）奶源基地建设和生鲜乳生产

近年来我国奶源基地的发展特点是小规模养殖户和养殖小区逐渐退出行业，大规模养殖企业和规模牛场不断发展壮大，规模化养殖比例不断提升（2015年达到48.3%），生鲜乳的生产呈现“此消彼长”

的特点，从近年来的数据可以看出，规模牛场生鲜乳产量的增长弥补了因小规模养殖户退出而损失的产量份额。

1. 奶牛存栏和规模牛场统计

根据国家奶牛产业技术体系（以下简称“奶牛体系”）调研统计，2015 年我国专用型奶牛（包括荷斯坦奶牛和部分娟珊牛）存栏量为 857.6 万头，各奶业带的奶牛存栏分布见图 1。具体到各省份，河北、内蒙古和黑龙江三省的存栏都超过 100 万头，占全国总存栏的 43%；山东、河南和新疆的存栏量超过 50 万头；存栏前 10 的省份占总存栏的 78%。

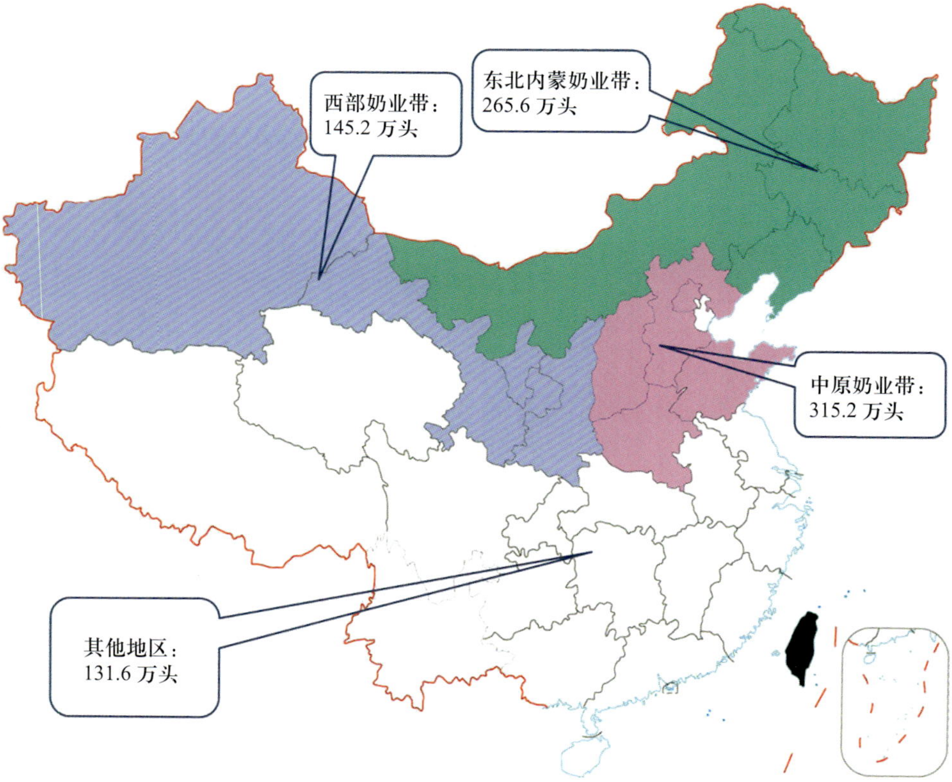

图 1 不同奶业带专用型奶牛存栏分布

据调研，我国100头以上的规模牛场(包括小区)数量约有8 300个，其中1 000头以下存栏的牧场数量占比达到85%；河北、山东、黑龙江三省100头以上规模牛场数量均超过1 000个。

2. 生鲜乳产量统计

按荷斯坦成母牛存栏占60%，单产水平6 t计算，可商品化的生鲜牛乳产量约3 100万t左右。加上进口的乳制品按8倍比例折合成原奶约1 100万t，我国牛乳制品折合生鲜乳的总供应量为4 200万t。

3. 奶源基地建设

我国规模牛场发展迅速，集团化的养殖企业迅速成长，为我国原料奶的稳定供应和生鲜乳质量提升发挥了重要作用。投资建设规模牛场的社会主体包括3类：一是大型乳品企业投资建设的奶源基地；二是为大型乳企提供原料奶的商投企业；三是外资企业和产业资本。

据奶牛体系统计，我国存栏前40家奶牛养殖集团的存栏量达到158.73万头，占专用型奶牛存栏的18.3%；每天的生鲜乳产量1.93万t，占总产量的22.7%；成母牛的年单产在8 t左右。我国排名前20的大型养殖集团的奶牛存栏和生鲜乳产量见图2。据统计，全国共有3 200～3 300家牛场（包括小区）为我国最大的两家乳品企业提供原料奶，日供应原料奶产量为2.2万～2.3万t。

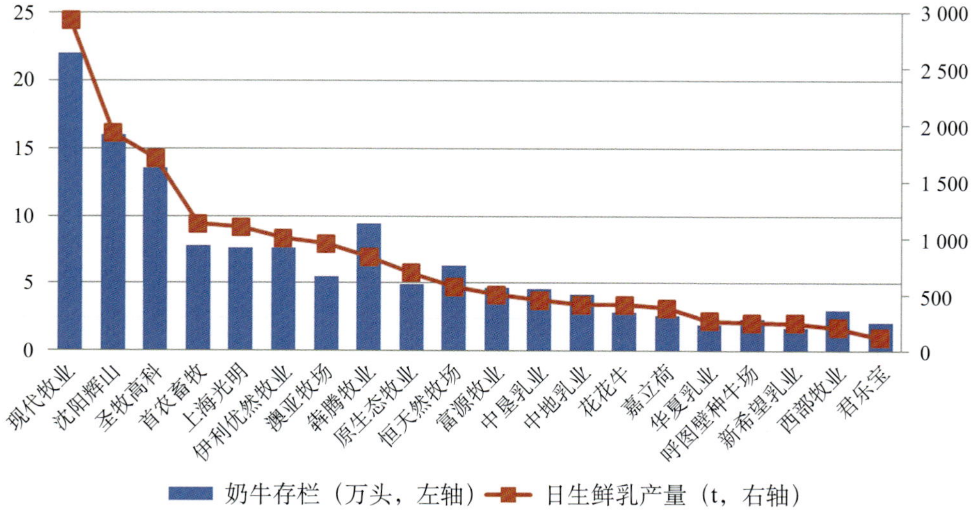

图 2 我国大型养殖集团存栏和生鲜乳产量情况

（二）生鲜乳价格、成本和效益

据农业部统计，2015 年全年生鲜乳平均收购价格为 3.45 元 /kg，较 2014 年平均价格下跌 0.60 元，下降 14.8%（图 3）。

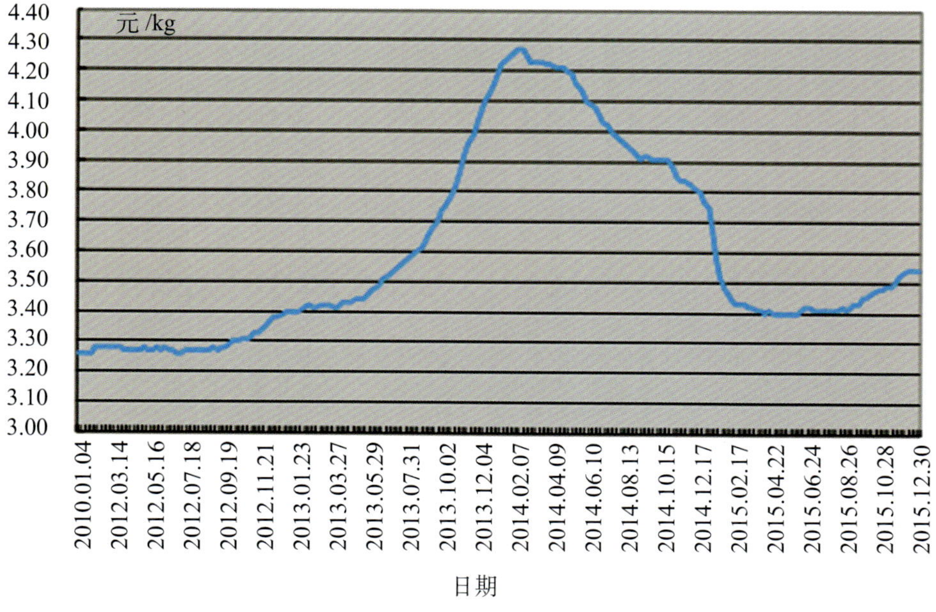

图 3 2012—2015 年全国生鲜乳周价监测

奶牛体系在全国主要养殖区域有220家示范场（规模牛场），奶牛存栏30.2万头，全年生鲜乳产量140.8万t，成母牛年单产8.5 t。根据对监测的220家牛场统计数据显示，2015年规模牛场的生鲜乳价格为3.89元/kg，比2014年降低了0.54元/kg；下降12.2%，比2013年降低了4%，但比2012年高了8%（图4）。

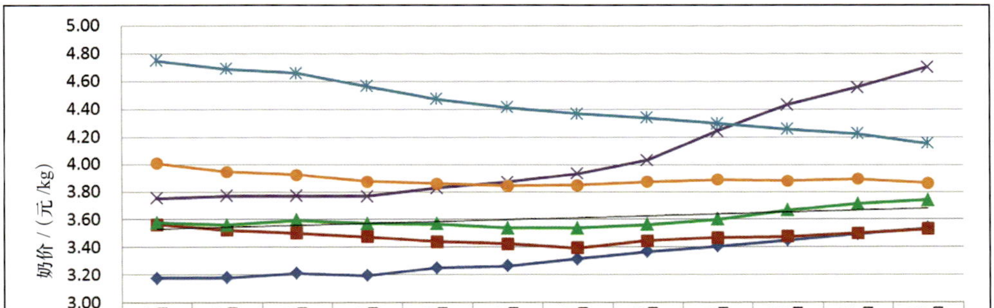

	1月	2月	3月	4月	5月	6月	7月	8月	9月	10月	11月	12月
2010年	3.18	3.18	3.21	3.19	3.25	3.27	3.32	3.37	3.41	3.45	3.50	3.54
2011年	3.57	3.53	3.50	3.48	3.44	3.43	3.40	3.45	3.47	3.48	3.50	3.53
2012年	3.58	3.56	3.60	3.57	3.57	3.54	3.54	3.56	3.60	3.67	3.71	3.74
2013年	3.75	3.77	3.77	3.77	3.83	3.87	3.93	4.03	4.24	4.43	4.56	4.70
2014年	4.75	4.69	4.66	4.56	4.47	4.41	4.37	4.34	4.30	4.26	4.22	4.15
2015年	4.01	3.95	3.92	3.87	3.86	3.84	3.85	3.87	3.89	3.88	3.89	3.86

图4 奶牛体系示范场生鲜乳价格变化

奶牛体系示范场2015年生鲜乳生产的总成本为3.64元/kg，比2014年略有降低，降低了1.6%，但仍然维持在高位；比2013年则高出5.2%，比2012年高出15.6%（图5）。规模牛场生鲜乳的生产成本从2013下半年大幅升高后一直维持在高位。

根据奶牛体系示范场数据显示，2010—2012年规模牛场的生鲜乳“利润空间”（奶价－成本之差）维持在0.45元/kg左右，利润空间较为合理；2013年上升到0.59元/kg，2014年上升到0.73元/kg，2015年则被挤压到0.25元/kg（图6）。虽然数据显示规模牛场生鲜乳生产尚处在盈利状态；但根据实地调研，大型规模牛场存在着生鲜乳收购限量问题，再加上淘汰牛损失、牛奶喷粉的折价、环保设施投资运行成本高等问题，实际的经营处在微利或维持状态，而且还需要承担后备牛培育的现金支出、现金流紧张等问题，长此下去有资金链断裂的风险。

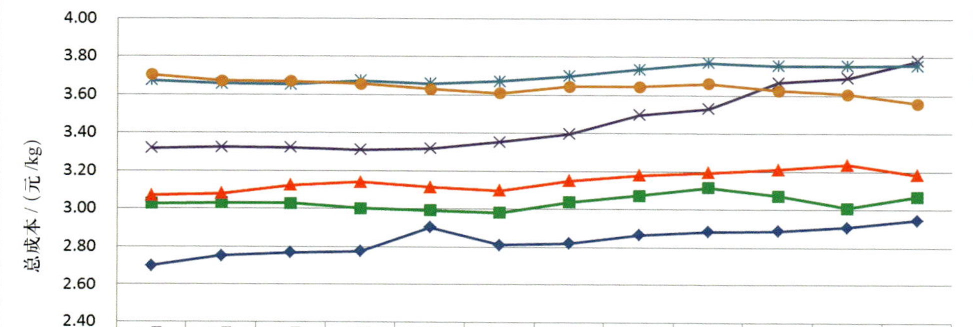

	1月	2月	3月	4月	5月	6月	7月	8月	9月	10月	11月	12月
2010年	2.70	2.75	2.77	2.78	2.90	2.81	2.82	2.87	2.89	2.89	2.91	2.95
2011年	3.03	3.03	3.03	3.00	2.99	2.98	3.04	3.07	3.12	3.07	3.01	3.07
2012年	3.07	3.08	3.12	3.14	3.11	3.10	3.15	3.18	3.19	3.21	3.24	3.18
2013年	3.32	3.32	3.32	3.31	3.32	3.35	3.40	3.50	3.53	3.67	3.69	3.78
2014年	3.67	3.66	3.65	3.67	3.66	3.67	3.70	3.73	3.77	3.75	3.75	3.76
2015年	3.70	3.67	3.67	3.66	3.63	3.61	3.64	3.64	3.66	3.63	3.61	3.56

图 5 奶牛体系示范场生鲜乳总成本

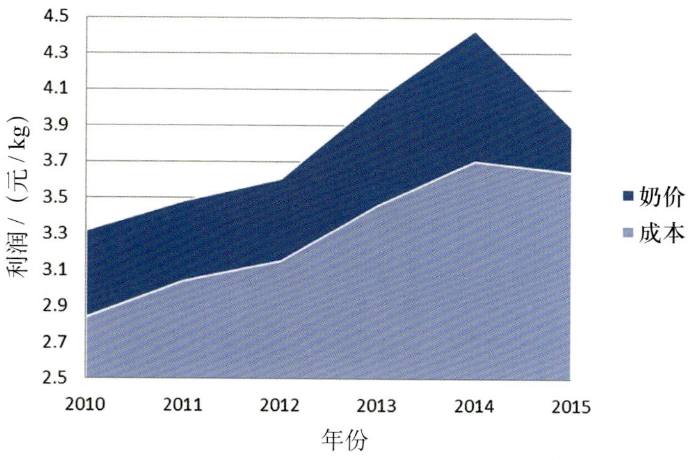

图 6 奶牛体系示范场生鲜乳利润空间变化

（三）生鲜乳质量

根据奶牛体系统计的示范场数据显示，2015 年我国规模牛场生鲜乳的乳脂率平均为 3.82%，比 2010 年提高了 0.1 个百分点（图 7）。2015 年我国规模牛场生鲜乳的乳蛋白率为 3.14%，比 2010 年提高了 0.03 个百分点（图 8）。这反映了我国规模牛场的生鲜乳营养指标处在优良水平。

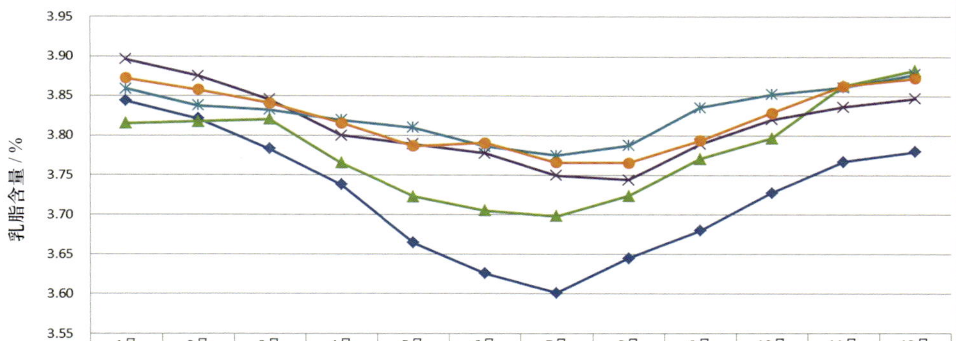

	1月	2月	3月	4月	5月	6月	7月	8月	9月	10月	11月	12月
2010年	3.84	3.82	3.78	3.74	3.66	3.63	3.60	3.65	3.68	3.73	3.77	3.78
2012年	3.82	3.82	3.82	3.77	3.72	3.71	3.70	3.72	3.77	3.80	3.86	3.88
2013年	3.90	3.87	3.85	3.80	3.79	3.78	3.75	3.74	3.79	3.82	3.84	3.85
2014年	3.86	3.84	3.83	3.82	3.81	3.79	3.78	3.79	3.84	3.85	3.86	3.88
2015年	3.87	3.86	3.84	3.82	3.79	3.79	3.77	3.77	3.79	3.83	3.86	3.87

图 7　奶牛体系示范场乳脂率变化

根据奶牛体系统计的示范场数据显示，2015 年我国规模牛场生鲜乳的细菌数为 16 万 /mL（远远低于国标规定的 200 万 /mL 以下的限量值），比 2014 年降低了 7.5%，比 2010 年降低了 43.5%（降低了 12.3 万 /mL）（图 9）。2015 年我国规模牛场体细胞数为 28.3 万个 /mL，比 2014 年降低了 3.8%，比 2010 年降低了 22.2%（降低了 8.1 万个 /mL）（图 10）。据内蒙古某大型乳品企业反应，其在全国收购的生鲜乳体细胞数平均值已经低于 35 万个 /mL，达到了欧盟国家的限定标准。从这些数据可以看出，我国规模牛场生鲜乳的卫生指标处在优良水平。

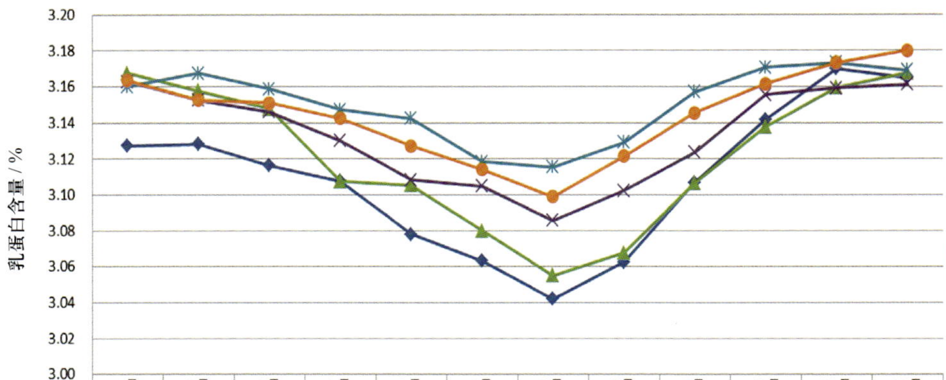

	1月	2月	3月	4月	5月	6月	7月	8月	9月	10月	11月	12月
2010年	3.13	3.13	3.12	3.11	3.08	3.06	3.04	3.06	3.11	3.14	3.17	3.17
2012年	3.17	3.16	3.15	3.11	3.11	3.08	3.05	3.07	3.11	3.14	3.16	3.17
2013年	3.16	3.15	3.15	3.13	3.11	3.11	3.09	3.10	3.12	3.16	3.16	3.16
2014年	3.16	3.17	3.16	3.15	3.14	3.12	3.12	3.13	3.16	3.17	3.17	3.17
2015年	3.16	3.15	3.15	3.14	3.13	3.11	3.10	3.12	3.15	3.16	3.17	3.18

图 8 奶牛体系示范场乳蛋白率变化

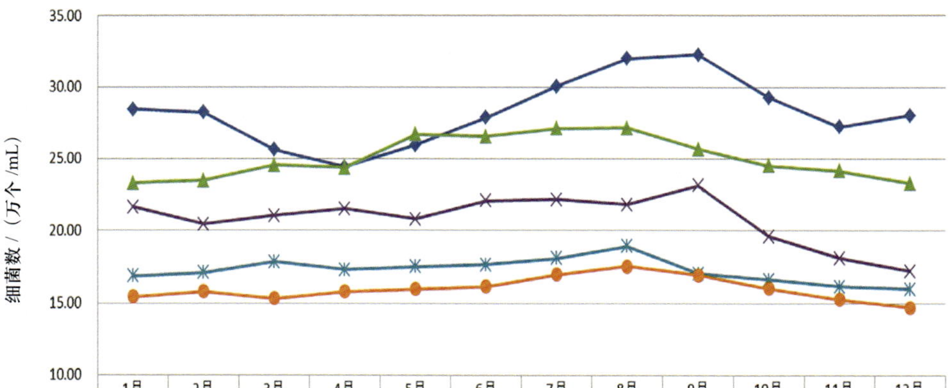

	1月	2月	3月	4月	5月	6月	7月	8月	9月	10月	11月	12月
2010年	28.45	28.26	25.64	24.41	25.98	27.88	30.05	31.99	32.25	29.29	27.24	28.05
2012年	23.29	23.49	24.6	24.4	26.7	26.5	27.1	27.1	25.7	24.5	24.2	23.3
2013年	21.6	20.5	21.1	21.5	20.8	22.1	22.2	21.8	23.1	19.6	18.1	17.2
2014年	16.9	17.1	17.8	17.3	17.5	17.7	18.1	18.9	17.1	16.6	16.2	16.0
2015年	15.5	15.8	15.3	15.8	16.0	16.1	17.0	17.5	17.0	16.0	15.3	14.7

图 9 奶牛体系示范场生鲜乳细菌数

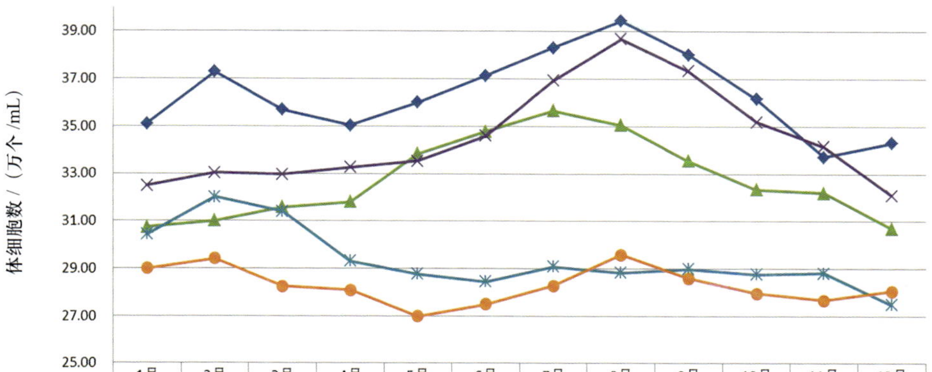

	1月	2月	3月	4月	5月	6月	7月	8月	9月	10月	11月	12月
2010年	35.10	37.28	35.69	35.04	36.00	37.14	38.32	39.45	38.03	36.16	33.72	34.32
2012年	30.73	31.01	31.6	31.8	33.8	34.8	35.6	35.0	33.5	32.3	32.2	30.7
2013年	32.5	33.0	33.0	33.3	33.5	34.6	36.9	38.7	37.3	35.2	34.2	32.1
2014年	30.4	32.0	31.4	29.3	28.8	28.4	29.1	28.8	29.0	28.8	28.8	27.5
2015年	29.0	29.4	28.2	28.1	27.0	27.5	28.3	29.6	28.6	28.0	27.7	28.0

图 10 奶牛体系示范场生鲜乳体细胞数

二 乳制品加工及产量

根据国家统计局数据，2015 年全国液态奶产量 2 521 万 t，同比增长 4.72%。从图 11 可以看出，我国液态奶的产量从 2012 年开始增长速度有所放缓。2015 年干乳制品产量 261.53 万 t，同比增长 3.46%。2015 年进入统计范围的企业为 638 家，乳品企业实现销售收入 3 328.52 亿元，同比增长 1.66%，利润总额 241.65 亿元，同比增长 7.68%。

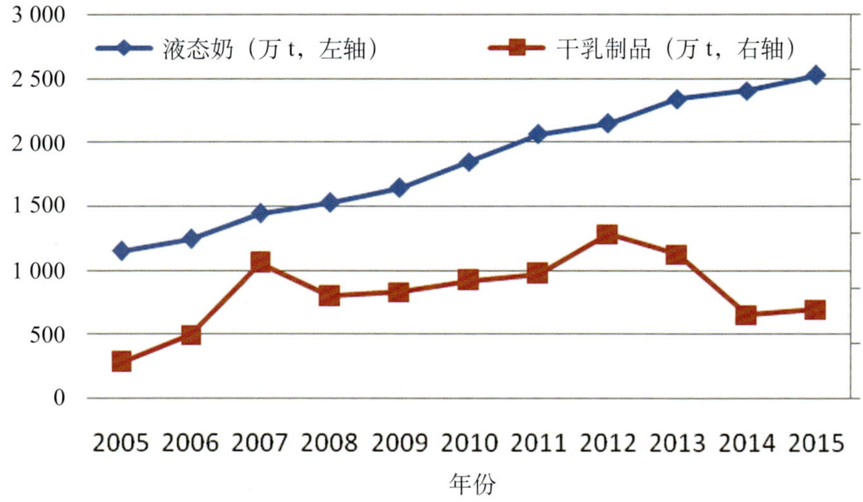

图 1-11 2005—2015 年我国液态奶和干乳制品产量

三 乳制品贸易

（一）乳制品贸易

2015 年我国干乳制品进口 114.07 万 t，同比减少 23.11%。其中工业奶粉进口 54.72 万 t，同比减少 40.73%（图 12），其中从新西兰进口 44.78 万 t、欧盟 4.76 万 t、美国 2.15 万 t、澳大利亚 2.66 万 t。奶粉进口平均价格为 2 753.62 美元 /t，同比下降 42.70%。2015 年我国进口婴幼儿配方奶粉达到 17.6 万 t，较 2014 年的 12.1 万 t 增加 5.5 万 t，同比增长 45%，进口婴幼儿配方奶粉的价值达到 24.7 亿美元，同比增长 59.5%。干乳制品和配方奶粉进口合计 131.67 万 t，按 8 倍比例折合液态奶为 1053 万 t。

2015 年进口乳清粉 43.58 万 t，同比增加 7.67%，进口平均价格为 1 205.59 美元 /t，同比下降 38.13%。2015 年进口奶酪 7.56 万 t，同比增加 14.56%。2015 年进口奶油 7.13 万 t，同比减少 11.38%。

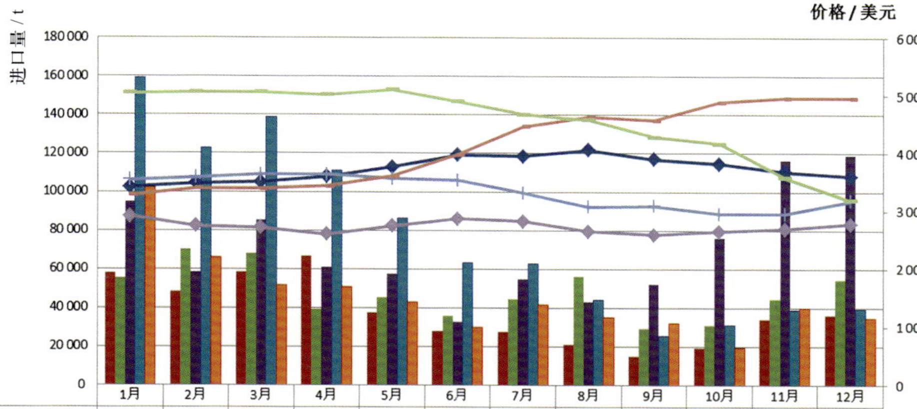

	1月	2月	3月	4月	5月	6月	7月	8月	9月	10月	11月	12月
2011年进口量	57 824	48 318	58 200	66 517	37 684	27 931	27 395	21 037	15 167	19 258	34 078	36 183
2012年进口量	55 163	70 209	67 791	39 117	45 126	35 855	44 654	56 079	29 079	31 148	44 516	54 375
2013年进口量	94 680	58 172	85 089	60 796	57 504	32 811	55 051	43 300	52 500	76 071	116 500	119 200
2014年进口量	159 070	122 930	139 010	110 920	86 270	63 285	62 922	44 060	25 642	31 324	38 933	39 300
2015年进口量	102 600	66 000	51 800	50 700	43 000	30 000	41 500	35 200	32 300	19 700	39 800	34 800
2011年价格	3 414	3 481	3 503	3 601	3 767	3 977	3 955	4 063	3 900	3 825	3 687	3 609
2012年价格	3 541	3 581	3 632	3 633	3 563	3 532	3 315	3 074	3 091	2 957	2 956	3 176
2013年价格	3 278	3 396	3 390	3 429	3 603	3 982	4 466	4 636	4 575	4 895	4 965	4 965
2014年价格	5 047	5 060	5 058	5 016	5 105	4 904	4 678	4 579	4 289	4 167	3 587	3 191
2015年价格	2 910	2 748	2 716	2 602	2 744	2 865	2 825	2 653	2 591	2 651	2 696	2 782

图 12 2011—2015 年我国工业奶粉进口情况

2015 年我国进口液态奶 47.04 万 t，同比增加 43.03%，进口额为 5.13 亿美元，同比增加 15.45%。从图 13 可以看出，我国液态奶进口量以每年 10 万 t 的数量增长，2015 年的进口量已经相当于我国一个中等规模乳制品企业的产销量。液态奶的大量进口应引起政府部门和行业的高度重视。

2015 年进口的乳制品折合成原奶占我国生鲜乳供应总量的 26% 左右。2015 年我国出口干乳制品 0.82 万 t，出口液态奶 2.51 万 t，折合成原奶约 9 万 t，占我国生鲜乳产量的 0.29%，几乎可以忽略。

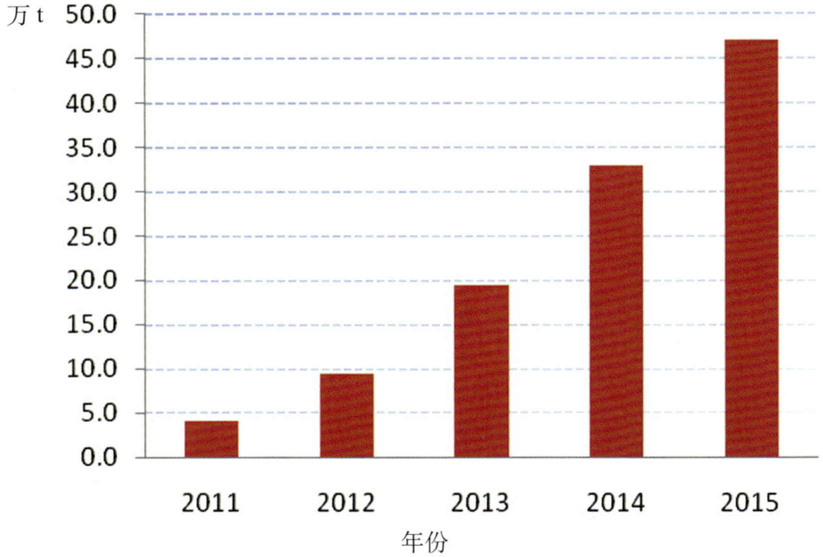

图 13 2011—2015 年我国液态奶进口情况

（二）干草和种牛进口

2015 年我国进口干草累计 136.49 万 t，同比增 35.82%。其中进口苜蓿草 121.34 万 t，同比增 37.18%；全年平均到岸价为 386.32 美元 /t（2 300 ~ 2 500 元 /t），同比下降 0.24%（图 14）。美国仍是我国苜蓿进口的第一大供应国，达到 104.47 万 t，占 86.10%；西班牙第二，达到 13.63 万 t，占 11.23%；美国、西班牙两国进口量占中国总进口量的 97%。2015 年进口燕麦干草总计 15.15 万 t，同比增加 25.25%。

优质干草的大量进口，补充了我国规模牛场养殖优质粗饲料不足的问题，提高了养殖水平；但在我国生鲜乳生产成本大幅高于新西兰和欧盟国家的新形势下，大力开发本土化粗饲料资源是我国奶牛养殖发展的新趋势。

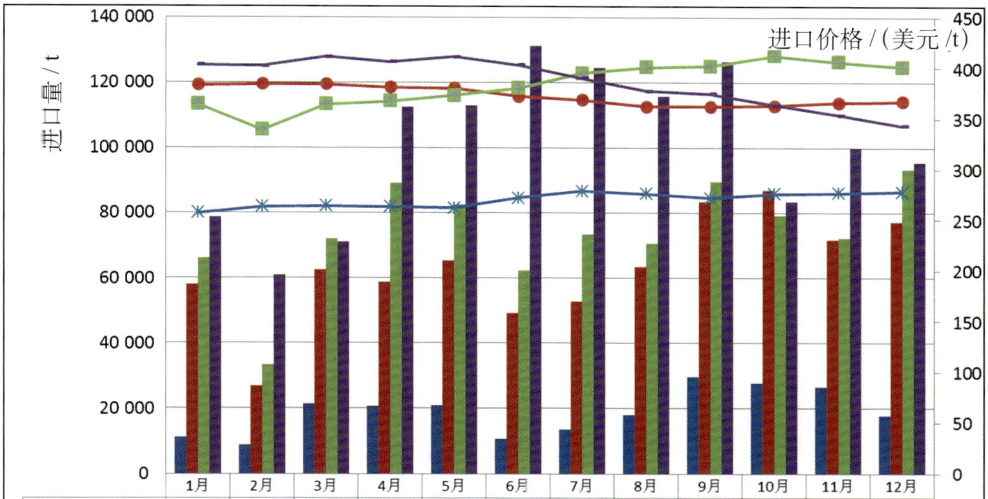

	1月	2月	3月	4月	5月	6月	7月	8月	9月	10月	11月	12月
2010年进口量	11 177	8 709	21 415	20 669	20 851	10 652	13 493	18 177	29 839	27 728	26 726	17 739
2013年进口量	58 026	26 779	62 669	58 634	65 380	49 176	52 898	63 422	83 537	87 042	71 800	77 300
2014年进口量	66 000	33 200	72 100	89 300	82 500	62 200	73 500	70 700	89 700	79 100	72 200	93 500
2015年进口量	78 800	60 800	71 200	112 500	112 900	131 300	124 600	115 800	126 600	83 400	100 100	95 500
2010年进口价格	257	263	264	263	262	272	279	276	272	276	277	278
2013年进口价格	383	384	384	381	380	372	368	362	362	363	366	367
2014年进口价格	364	339	364	367	373	380	395	401	402	412	406	401
2015年进口价格	403	402	411	406	411	403	390	377	375	364	353.76	343.5

图 14 2011—2015 年我国苜蓿干草进口情况

2015 年我国进口种牛 15.33 万头，同比减少 28.83%。2009—2015 年我国进口的乳用型奶牛约有 80 万头，其群体（含繁殖后代）预测达到 200 万头左右。

四 政策和奶业科技进展

（一）政策导向

2015 年我国政府继续推行的奶牛养殖业扶持政策包括“奶牛标准化规模养殖补贴”、“奶牛生产性能测定”、“振兴奶业苜蓿发展行动”、“生鲜乳收购站机械设备补贴”、“奶牛良种补贴”和“政策性保险”等，推出了“粮改饲和种养结合项目”试点，2016 年将加大青贮的推广扶持力度，示范县将扩大到 100 个县，标准化养殖场的扶持政策将向着养殖大县整县推进的扶持政策转变。

2015 年我国政府提出了经济供给侧结构性改革的重要政策。2014—2015 年我国奶业出现了供给侧过剩的局面，奶源过剩、生产成本高、大型养殖集团日喷粉量占生鲜乳产量的 5%～20%，奶业的供给侧改革应从加大低质奶牛淘汰、缩减产能、加快奶粉去库存和降低奶成本几方面入手。

（二）繁殖与育种技术进展

2015 年农业部继续推进实施“中国奶牛群体遗传改良计划(2008—2020)”，利用中国农业大学研究构建的中国荷斯坦牛的基因组选择参考群体，建立了我国自主的奶牛基因组选择技术平台，2015 年对 1 915 头中国荷斯坦青年公牛全面开展基因组检测和遗传评估，计算出中国奶牛基因组选择性能指数（GCPI），选出 206 头优秀青年公牛参加国家奶牛良种冻精补贴项目。国内专家针对中国荷斯坦牛产奶性状、体型性状和乳脂肪酸含量性状等开展了全基因组关联分析(GWAS)，鉴定了乳腺组织的表达、乳房炎性状等重要功能基因。

国内专家利用已经建立的数据库，针对 14 个繁殖性状（7 个青年母牛性状和 7 个成母牛性状）进行研究，确定了场、出生年季、配种年季、产犊年季、配种员以及泌乳期等固定效应对青年牛及成母牛繁殖性状有显著影响；估计了各性状的遗传参数，为生长、繁殖性状的遗传评估技术体系奠定基础，同时为奶牛场繁殖管理提供理论依据。

（三）营养与饲料技术进展

研究发现，亮氨酸和组氨酸可通过 mTOR 信号通路促进酪蛋白合成相关基因的表达，促进表达量达到最大的亮氨酸的浓度在 0.9 ~ 1.35 mmol/L，G β L 的表达量在组氨酸的浓度为 4.80 mmol/L 时最高。热应激条件下，给奶牛补饲 8 g/d 的烟酰胺可以显著降低奶牛血清中游离脂肪酸（NEFA）、*β*- 羟丁酸（BHBA）等的含量，有利于调节奶牛脂类代谢过程。

研究发现饲料物理特性是评价饲料营养价值的一项重要指标，如持水率与中性洗涤纤维（NDF）含量、干物质（DM）降解率呈显著正相关关系，饲料密度和溶解性与 NDF、酸性洗涤纤维（ADF）呈显著负相关。玉米青贮与花生秧按 1.2：1 配比可有效提高干物质和粗蛋白质的降解率。提高物理有效中性洗涤纤维（peNDF）水平可改善犊牛瘤胃 pH、纤维分解菌水平和日增重。

中国农业大学奶牛营养与饲料科学创新团队成功开发出“秸秆碱法厌氧处理技术”生产中小批量“补钙代青贮”产品，该产品 48 h 的消化率比秸秆提高 20% 以上，有效钙提高 15%，配套开发的加工设备“固液匀料器”，具有提高秸秆饲用效果、处理成本低、处理过程环保、降低饲料成本、便于规模化和产业化生产的特点。

（四）疫病防控技术进展

2015 年，我国以《国家中长期动物疫病防治规划》及“口蹄疫防治技术规范”为主体的口蹄疫控制策略获得世界动物卫生组织（OIE）的认可。奶牛体系科学家建立了能够鉴别诊断 O 型、A 型及 Asia 1 型口蹄疫病毒（FMDV）的 RT-PCR 的技术，可用于口蹄疫病毒检测及其流行病学调查；建立了适于现场检测的口蹄疫病毒通用型和血清型分型的 RPA 试纸条检测技术，可对临床采集的组织器官、水疱液、水疱皮、涎液、乳汁、气溶胶等样本进行现场的快速检测。

IFN-γ 试验是 OIE 规定的可以作为普查牛结核病的平行试验，以最大限度地检出被感染动物。奶牛体系科学家与国外联合，研发了牛结核病 γ- 干扰素诊断试剂盒，该试剂盒与国际通用的 Prionics 试剂盒比较，两者具有很好的符合率，并进行了推广应用。

通过比较试管凝集试验法及微量凝集试验检测法检测牛羊布鲁氏菌病，得出微量凝集试验更适合我国基层布鲁氏菌病的大量样本的监测和诊断；并在制备布鲁氏菌灭活抗原方面开展了研究。

（五）乳制品检测和加工

乳制品检测方面，对掺入牛乳或水牛乳的检测方法如双重 PCR 法、电子鼻法、非线性化学指纹图谱技术开展了研究；开展了用电子鼻对山羊奶中致膻游离氨基酸的识别研究。

研究发现“110 ℃ /4 s（HHT）”浓缩乳热处理工艺处理能更有效降低污染芽孢杆菌的浓缩乳细菌数，且乳粉流动性、复水性及游离脂肪质量分数指标更好。以脱盐乳清粉和酪蛋白粉为主要原料，利用高压脉冲电场技术和喷雾干燥技术研发了一种低致敏性的乳清粉和酪蛋白粉，用于生产低致敏性的婴幼儿配方奶粉。

五 2016年奶业发展的基本判断

2016年仍将是我国奶业进行结构调整和继续探底的一年。伴随着小规模养殖的进一步退出，规模化养殖比例进一步提升；预计生鲜乳收购价格缓慢下降并逐渐企稳，在消费旺季生鲜乳价格会出现小幅反弹；由于牛群淘汰力度加大，奶牛的单产水平和生鲜乳质量将会进一步提升。整个行业将在经历一年的调整后逐渐走出低谷。

六 行业发展建议

（一）节本增效，提高奶牛养殖的竞争力

我国生鲜乳生产成本高于欧盟和新西兰50%～100%，无法面对进口乳制品的冲击。其原因是平均养殖效率低，饲料成本高，新建牛场的折旧费用高等因素导致。为提高我国奶牛养殖的竞争力，从长期来看，需要依靠科技提高奶牛单产水平和管理水平，提高奶牛饲料转化效率，创新产业链的组织模式，合理分配产业链利益和风险。从近期来看，大力推进种养结合，大力开发本土化的粗饲料资源，推广苜蓿青贮、小麦青贮和农作物秸秆综合利用技术，是降低奶牛养殖和千克奶生产成本的有效措施。

（二）规范乳制品加工和复原乳的使用

针对我国乳制品加工市场“复原乳”使用较混乱的局面，建议政府有关部门进一步强化液态奶“标复原”管理制度，在乳制品加工市场严格执行“液态乳标鲜、标纯、标复原”的三标规定；同时可按国

际标准在液态奶加工指标中引入热处理强度（如康氨酸含量）指标，对乳制品的热伤害程度进行客观评定。进一步加强婴幼儿奶粉生产工艺管理，鼓励使用鲜奶作为生产配方粉的原料。加强对进口液态奶的管控力度，参考国内液态奶产品对进口液态奶的营养保质期进行进一步规范。

（三）倡议修订《生乳》国家标准

我国最新的《生乳》国家标准是卫生部于 2010 年推出的，当时是比较适合我国生鲜乳的生产状况。经过 6 年的发展，我国奶牛养殖规模化、集约化和现代化水平发生了根本的变化，生鲜乳的质量和安全水平有了大幅提高，原标准已不能适应新的发展形势，反而成了我国生鲜乳生产落后和质量水平低下的“代名词”，也对消费者的消费理念产生了极大的负面影响。建议国家有关部门对《生乳》标准进行修订，对有争议的指标如乳蛋白、菌落总数、体细胞数、酸度等进行重点评审。

（四）加大行业公益性宣传

借助于 D20 奶业峰会的平台，国家和行业协会组织通过推出公益广告、纪录节目和行业宣传等方式，倡导健康饮奶，宣传牛奶饮用常识，宣传国内奶业近年来在质量安全方面取得的进步，增加消费者的理性选择和对国产牛奶的信心。

（五）加强行业技术培训和技术转化

奶牛体系多年来持续开展奶牛“金钥匙”培训和高级人才研修班培训，“金钥匙”在全国各地累计开展了近 70 期，培训从业人员 1.45

万人次和350名储备场长。通过多种渠道、多种方式对行业从业人员开展技术培训，提升从业人员的技术水平和思想理念，实现前瞻性和创新性技术快速传播，解决技术推广的“最后一公里”问题，对奶牛养殖的整体提升起到功不可没的作用。

建议行业相关部门加强对技术培训的投入，加强培训模式和手段的创新，加强培训资源和师资力量的整合，加强培训效果的跟踪，提升行业技术培训和技术转化的效率。

（李胜利 夏建民 曹志军 姚 琨 杨敦启 康道桐）

参考文献

[1] 李胜利，姚琨，曹志军，等. 2015年奶牛产业技术发展报告[J]. 中国畜牧杂志，2016, 52 (2): 34-39.

[2] 刘成果. 中国奶业年鉴（2014）[M]. 北京：中国农业出版社，2015.

2015年 美国奶业发展报告

美国是世界奶牛养殖最为发达的国家之一，本文主要从奶牛养殖、乳制品加工、消费、贸易、政策、科技等方面介绍了2015年美国奶业的发展情况，对美国奶业的发展现状以及基础数据进行更新和完善，以便增强对美国奶业的了解和学习。

一 奶牛养殖业

美国位于北美洲中部，人口总数超过3亿人，国土面积962万 km^2，其中农业用地418万 km^2，占美国总面积的43.5%。美国的农业人口仅占总人口数量的2%，但是农业收入占到国民收入的10%以上。近65年来，美国农业总产值呈稳定上升态势，年增长率在1.52%，而在农业总投入上每年的增长率只有0.07%，可见生产效率的不断提高是产值增加的主要原因。

根据美国农业部调研统计，2013年农业总产值为2 834亿美元，其中畜牧业 1 137 亿美元，占农业总产值的 40%，奶业总产值为 304 亿美元，占畜牧业产值的 26.7%（图 1）。

2015 年，美国专用型奶牛（包括荷斯坦牛、娟珊牛、瑞士褐牛等）存栏量为 931.6 万头，其中参加 DHI 的奶牛中，荷斯坦牛占所有奶牛总数的 83%，娟姗牛占 6.6%，瑞士褐牛占 0.2%，还有少量爱尔夏牛，更赛牛和短角牛。美国是世界上最大的牛奶生产国之一，牛奶年产量达到 9 483 万 t，平均年单产 10.2 t。原料奶的平均乳脂率为 3.7%，乳蛋白率为 3.1%。

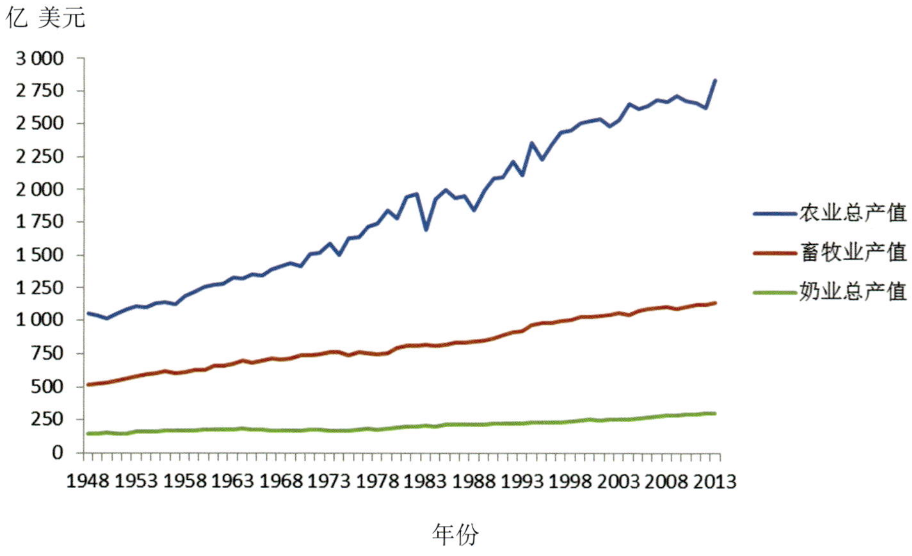

图 1 美国农业产值变化情况

数据来源：USDA, ESR。

（一）美国奶牛养殖规模及奶产量变化

随着农业机械化程度和管理水平逐步提高，以及劳动力成本的上升，美国的牛场数量和奶牛养殖数量呈下降趋势；但是单产水平不断上升，使得牛奶总产量保持上升趋势。从数据上可以看出，与我国近年来小规模养殖户逐渐减少相似，美国的奶牛场数量也在不断减少，并且平均每个牛场的存栏量由1992年的75头提高到了2015年的214头（图2）。牛奶总产量和单产保持了较快的增长势头，自2014年起美国奶牛平均单产突破10 t大关（附表2-1）。

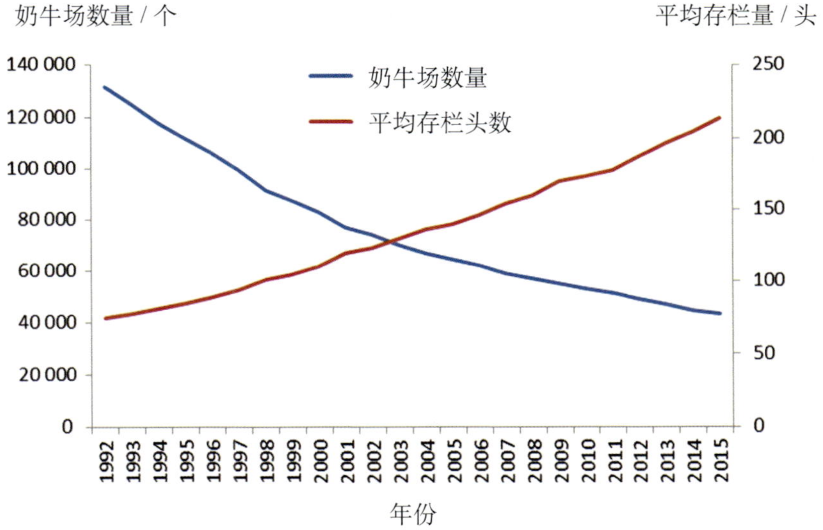

图2 美国奶牛场数量及奶牛存栏量变化情况

数据来源：USDA。

（二）奶牛养殖地区

美国传统的奶业养殖地区为中部和东北部；20世纪80年代起，西部和西南部奶业带快速崛起，近些年在加利福尼亚州和德克萨斯州新建了很多大型牛场。2015年，中部（威斯康星州、明尼苏达州、密歇根州）和东北部（纽约州、宾夕法尼亚州）共有2.8万个奶牛场，占全美所有奶牛场的62%，但奶牛存栏只有325万头，占全美奶牛存栏的 35%。可见，虽然牧场众多，但是传统地区养殖规模较小；而西部和南部奶业新兴地区，包括爱达荷州、加利福尼亚州、德克萨斯州总计拥有 2 455 个奶牛场，养殖了 280 万头奶牛，平均每个牧场养殖规模超过 1 100 头成母牛。

近几十年来，加利福尼亚州和爱达华州奶牛数量不断增加。2015 年加利福尼亚州共有 177 万头奶牛，占全美奶牛头数的 19%，是全美最大奶业州（图 3）。

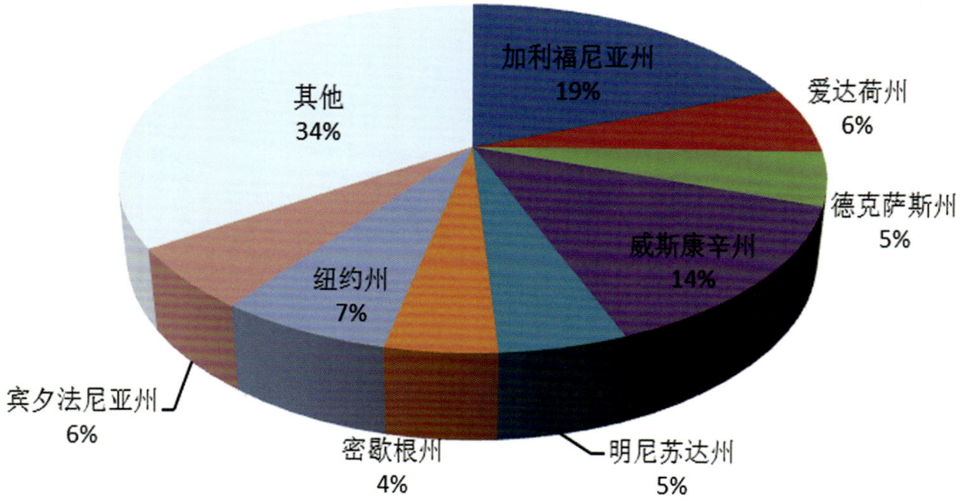

图 3 2015 年全美各州奶牛存栏比例

数据来源：USDA/NASS Milk Production。

（三）养殖结构变化

同我国情况类似，规模化和集约化也是美国奶业发展的大趋势，大规模牛场（500 头以上）奶牛存栏数和牛奶产量所占比例不断提高。2014 年，美国大规模牛场的数量占到总牛场数的 6.7%，但大规模牧场的存栏量却占总存栏量的59%，牛奶产量更是占总产量的63%（图4），大规模牛场在牛奶产量的贡献上已经占了主导地位。

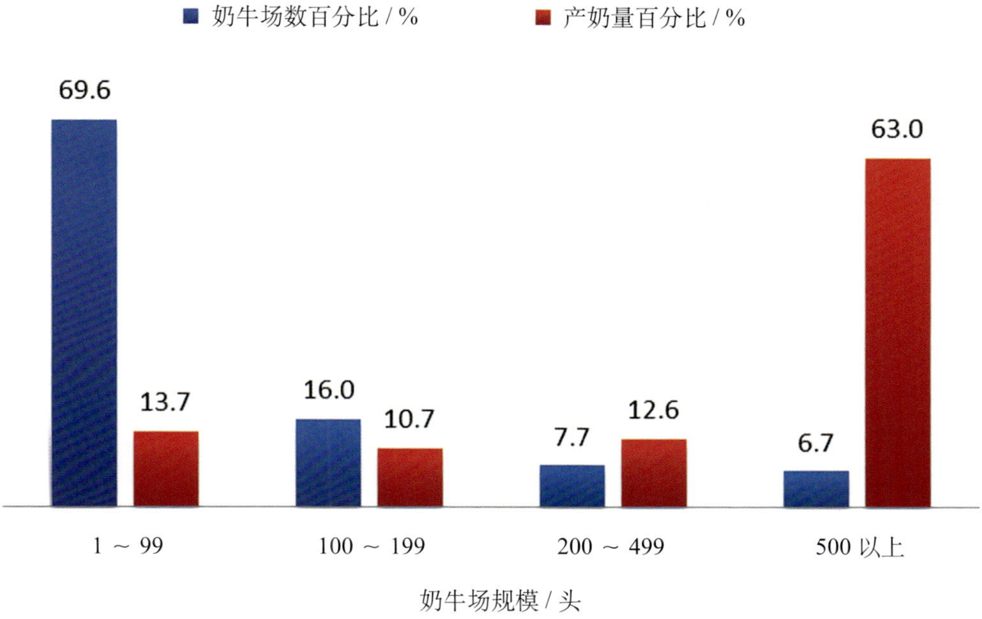

图4 不同规模奶牛场数量百分比和奶产量贡献率

数据来源：USDA （2012）, NASS, Quickstats。

（四）近年来各州奶产量变化情况

图5展示了几个奶业主产州近20年（1990—2007年）和近5年（2008—2013年）奶产量的变化情况。发现加利福尼亚、爱达荷和新墨西哥等州在近20年内奶产量增加极为迅速；然而，从2008年后，这些地区由于干旱和饲料等问题奶产量不再增长，反倒是威斯康星州和密歇根州的奶产量有所上升。

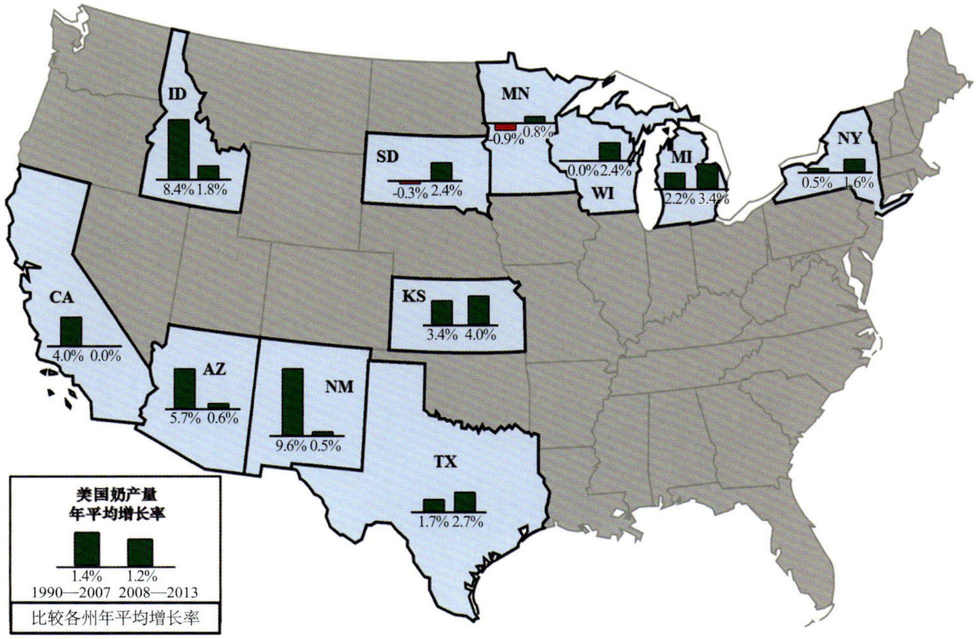

图 5 奶业主产州 1990—2007 年和 2008—2013 年奶产量年增长率

资料来源：Wolf 等，2015。

从历史上来看，美国各州奶产量随着人口由东北部和中部向西部和南部的流动使得东北部和中部奶产量逐渐下降，而西部和南部有所增加。近 10 年来，随着牛奶加工和乳制品长途运输技术的不断成熟，人口流动已经不是影响奶产量变化的主要原因（Wolf 等，2015），一些其他因素，如饲料、饮水、土地、激励政策、奶价、加工厂、人工等也会影响奶业的转移。经过 Wolf 等（2015）对 100 多个大型牧场的调研发现，影响美国牧场变迁或扩建的主要因素为粗饲料资源、饲料成本和水资源的情况。正是因为农场主们更多考虑了这些因素，才使得近 5 年来有更多的奶牛和牛奶出现在中西部和东北部而远离了南部和西南部。

（五）原料奶及饲料价格

2016 年 1 月份，全美的平均奶价为 0.32 美元 /kg。各州的奶价也有所不同（图 6），其中在奶业较为发达、奶产量较高的地区奶价较低；西南部地区如加利福尼亚州、亚利桑那州、新墨西哥州等地奶价较低，平均只有 15 美元 / 英担（0.3 美元 /kg，1 英担 =50.8 kg）；在中西部明尼苏达、威斯康星、密歇根等州奶价为 0.30 ～ 0.33 美元 /kg；而佛罗里达州最高，达到 0.39 美元 /kg。

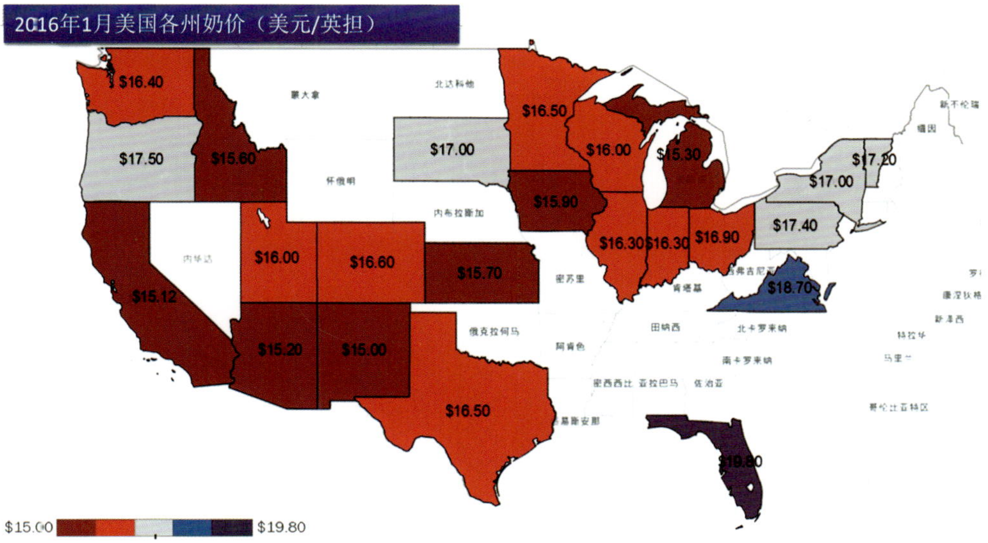

图 6 美国各州 2016 年 1 月份原奶价格

图片来源：National Milk Producers Federation （NMPF）。

2000—2016 年，美国的平均原料奶收购价在 0.24 ～ 0.47 美元 /kg 波动（图 7）。2015 年全年生鲜乳平均收购价格为 0.34 美元 /kg，较 2014 年平均价格下跌 0.13 美元，下降了 27.7%。

料奶比参数比奶价更具有参考价值，料奶比是 1 kg 蛋白含量 16% 的全混合日粮的价值和多少千克牛奶的价值相等，即指用 1 kg 蛋白水平为 16% 的全混合日粮可以购买多少千克牛奶。如果这个比率达到 3.0 或者更高，通常认为购买饲料生产牛奶是有利润的，如果低于 2.0 则可能会使农场主增加淘汰牛数量或减少精料饲喂量来降低饲养成本。由数据可看出，经过 2009—2013 年的低谷后，2014 年美国牛奶价格达到近年来的高峰，2015 年有所回落，奶料比为 2.12。

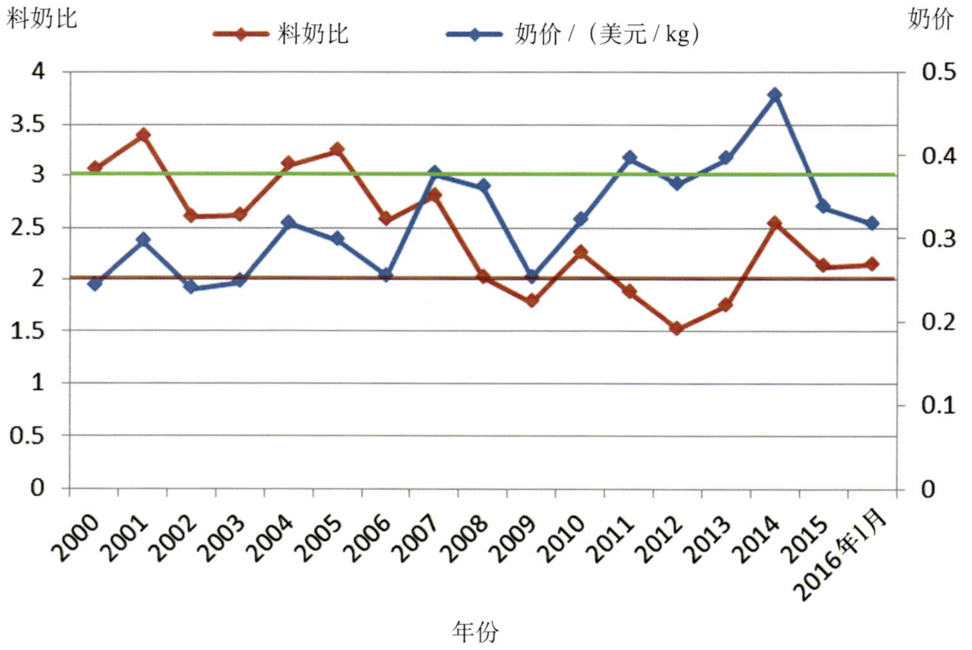

图 7 美国牛奶价格和料奶比

数据来源：奶价 （USDA, National Agricultural Statistics Service, Quickstats）；料奶比（Monthly Data, Understanding Dairy Market）。

影响美国奶价和奶农收益的主要是原因之一是饲料价格的波动（图 8）。玉米、大豆和苜蓿是奶牛传统日粮的常用原料，其中玉米和苜蓿是用于计算奶料比的主要部分。大豆、玉米价格在2013年前不断上升，而在2013—2015年迅速下降，这才使得2014年和2015年的料奶比都高于2.0。

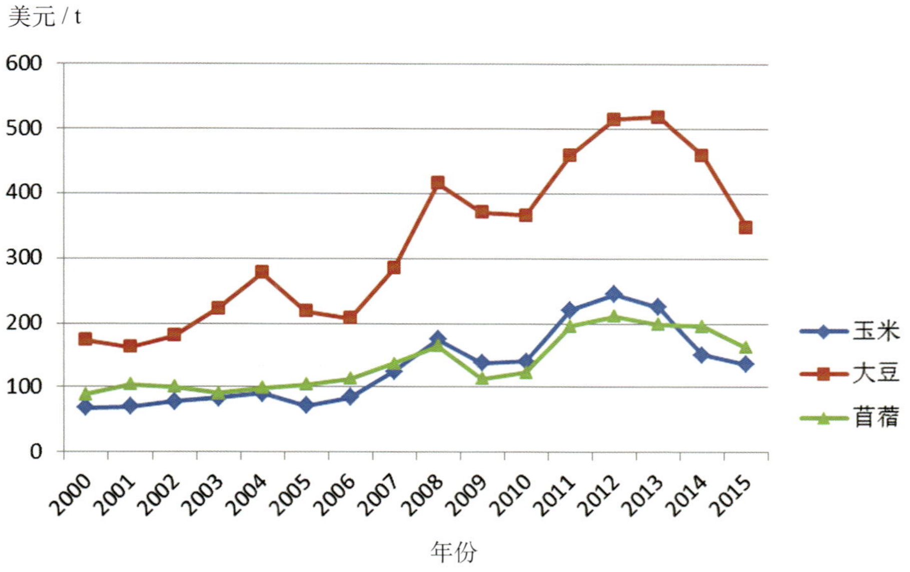

图8 美国苜蓿、玉米和大豆价格

数据来源 :USDA, National Agricultural Statistics Service, Quickstats。

二 乳制品加工及产量

美国生产的乳制品主要有液态奶、奶酪、黄油、冰淇淋、浓缩产品、乳清粉等。根据美国农业部统计数据，2015年全美加工液态奶2 233万t，同比下降2%。本文统计的干乳制品包括黄油、奶酪、酸奶、乳清粉、脱脂奶粉，2015年总计980万t，同比增加1.5%（图9a）。

相较于其他干乳制品，产量变化最明显的是奶酪，2015年全美奶酪产量533.2万t，同比增长2.4%（附表2，图9b）。奶酪产量稳定增加主要有两个原因，一是国内全脂奶酪需求的不断提升（附表3），二是出口量的不断增长（附表 4）。而黄油、酸奶、乳清粉变化不明显。从干乳制品的产量来看，美国的奶酪、脱脂奶粉的产量均为世界第一，黄油、乳清粉为世界第二。

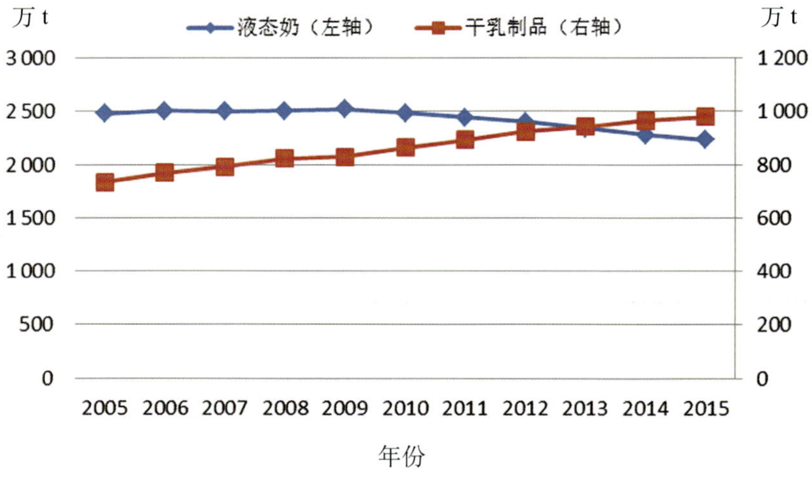

(a)

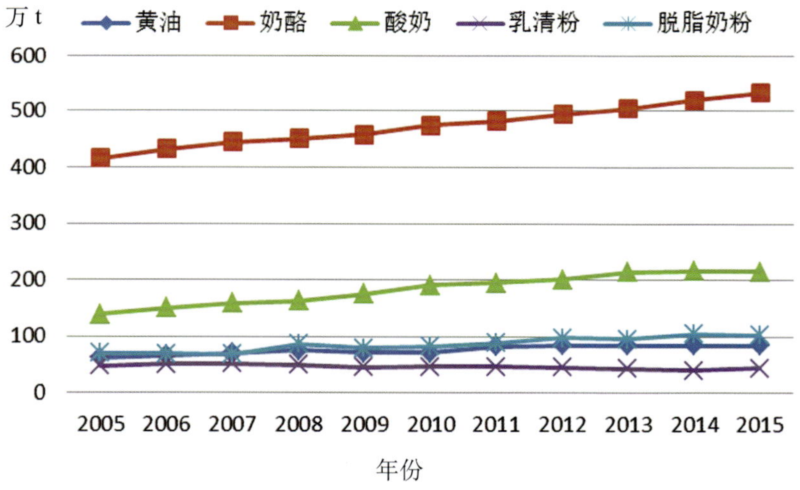

(b)

图 9　(a) 2005—2015 年美国液态奶和干乳制品产量；(b) 2005—2015 年美国全脂奶酪与其他乳制品产量

数据来源：Understanding Dairy Market。

三 乳制品消费

（一）液态奶和干乳制品消费

2014 年，美国人均乳制品消费在 280 kg，其中液体奶 72 kg(26%)、奶酪 16 kg（6%）、冰淇淋 9 kg（3%）、酸奶 7 kg（2%）、奶粉 3 kg（1%）、黄油 2.5 kg（1%）。

自 1961 年以来，美国人均年消费乳制品量不断提升，由 60 年前的 240 kg 增加到了当今的 280 kg，而液态奶的消费却由 112 kg 下降到了 72 kg（图 10a）。奶酪和酸奶的人均消费量持续上涨，奶粉和黄油的消费量较为稳定（图 10b）。

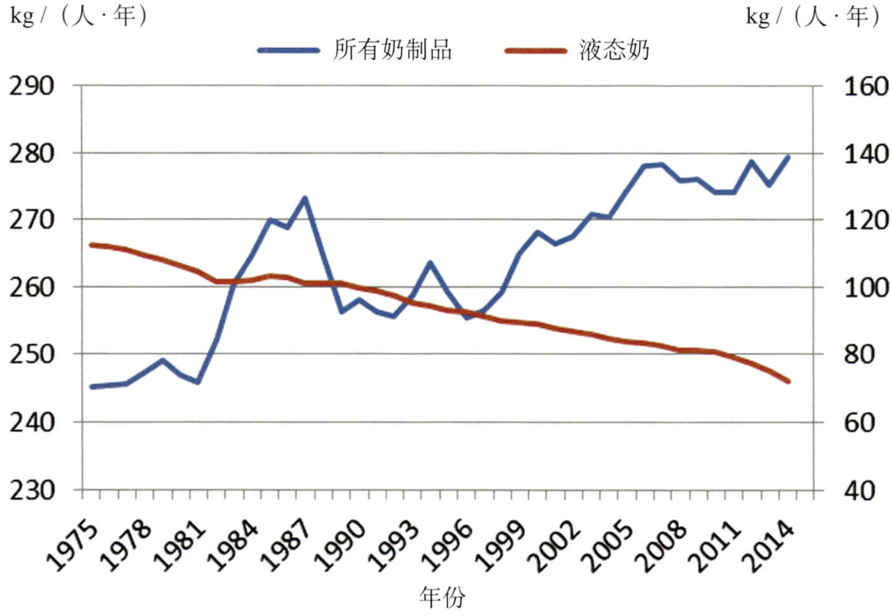

(a)

图 10 （a）1961—2015 年所有乳制品消费与液态奶消费；（b）其他主要乳制品消费比较

数据来源：USDA Census of Agriculture。

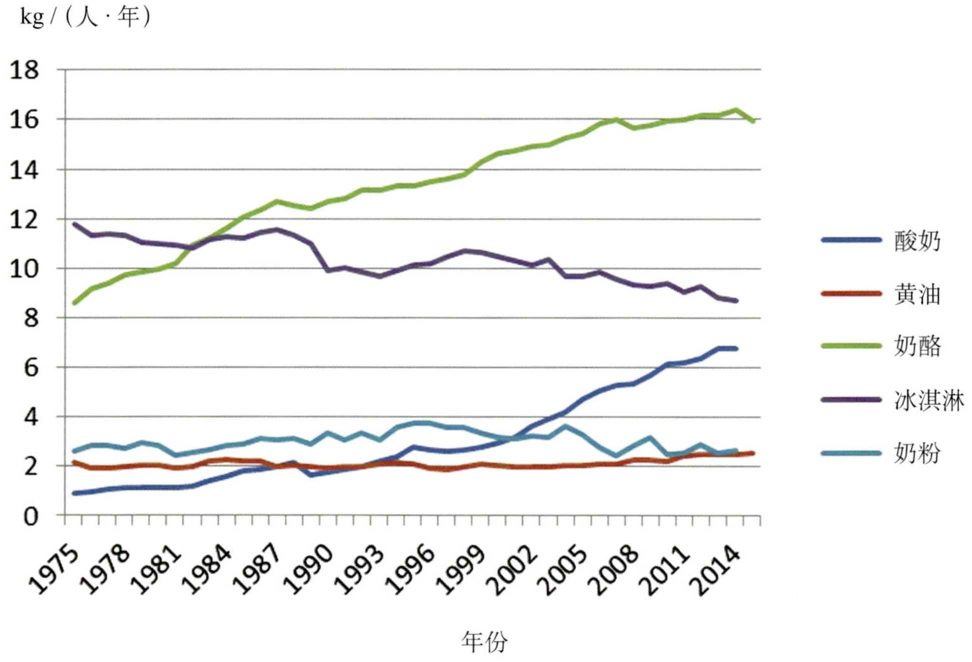

(b)

图 10（续）

（二）有机奶生产和消费

在有机奶消费上，美国有很大的需求和潜力。自从有机奶登陆美国市场后，便赢得了部分消费者的青睐，促进了有机奶业的发展；甚至在 2015 年，全美范围内的有机奶陷入缺货状态。在 2008 年到 2014 年的 6 年时间里，有机奶牛场数量从 2 012 个增加到 2 262 个，产量从 125.3 万 t 上升到 154.8 万 t，销售额也从 0.75 亿美元增加到 1.08 亿美元（图 11）。

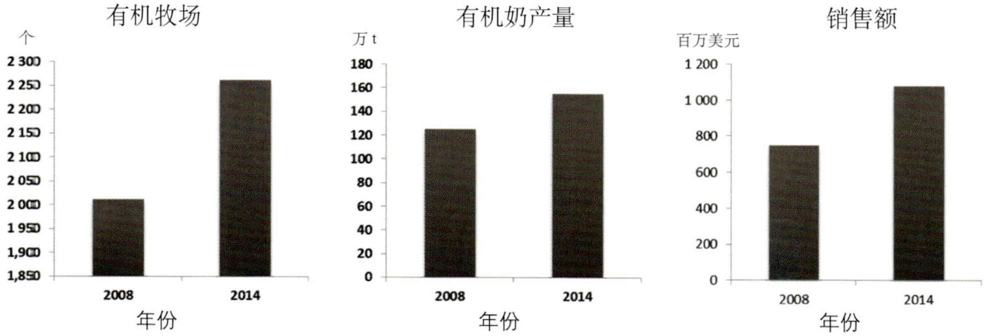

图 11 美国有机奶生产和消费情况

数据来源：USDA Census of Agriculture。

美国西部地区有机奶牛场数量仅占到全国总数的9%，但在有机奶产量上贡献最多，占到38%，这说明和普通奶牛养殖一样，西部地区在有机奶牛饲养上也是大型规模化养殖模式。作为奶牛养殖传统区域的中部和东北部地区有机牛场数占到全国总数的65%（26%+39%），但在有机奶产量上仅贡献34%（15%+19%）（图12）。

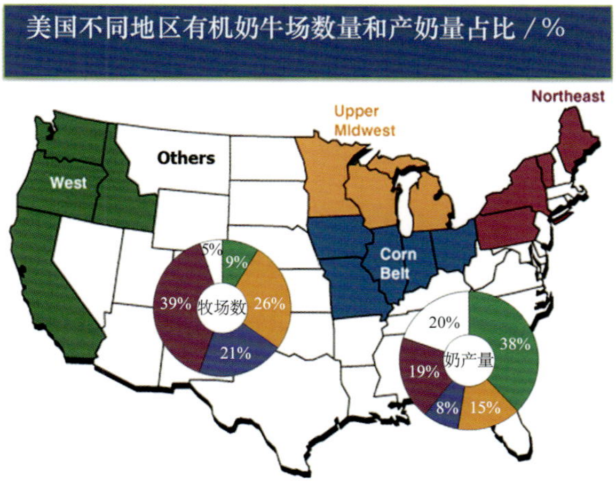

图 12 美国不同地区有机牛场数量和产量比较

数据来源：USDA, Economic Research Service calculations based on data from USDA's 2014 Agricultural Resource Management Survey。

四 乳制品贸易

美国为主要的乳制品出口国。近年来，乳制品出口量均高于进口量。2015 年，乳制品出口量占总产量的 12% 左右，进口量低于总产量的 5%（图 13）。全美出口的主要乳制品为脱脂奶粉、乳清粉和奶酪；出口的国家主要为墨西哥、东南亚、加拿大、南美、中国。

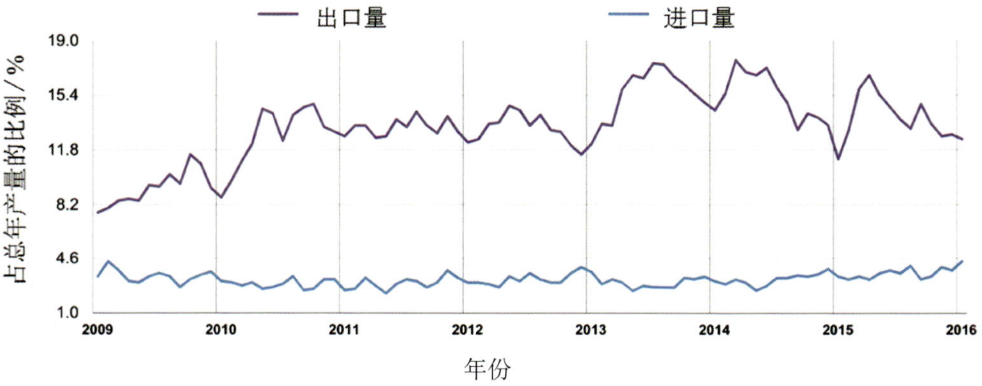

图 13 2009—2016 年美国乳制品进出口量占总奶产量的比例

图片来源：GLOBAL DAIRY MARKET OUTLOOK, U.S. Exports。

相比于 2014 年较好的行情，2015 年美国各类乳制品出口量和出口额都有所下降（附表 4、附表 5），其中奶酪出口量达 31.67 万 t，同比减少 14.1%，出口平均价格 4 377 美元 /t，同比减少 5.3%。乳清粉出口 46.85 万 t，同比减少 14.8%，出口平均价格为 1 963 美元 /t，同比降低 15.9%。黄油出口 1.69 万 t，同比减少 71.4%，出口平均价格 3 822 美元 /t，同比减少 4.3%。全脂奶粉出口 3.38 万 t，同比减少 38.2%，出口平均价格 2 482 美元 /t，同比减少 35.7%。

脱脂奶粉近年来出口量较为稳定，2015 年出口 55.97 万 t，同比增加 2.5%，出口价格平均 2 450 美元 /t，同比减少 29.1%。

美国液态奶出口量和出口额一直较少，不过近年来出口增长较快，2015 年共出口 9.8 万 t 左右，同比增加 0.2%（图 14）。

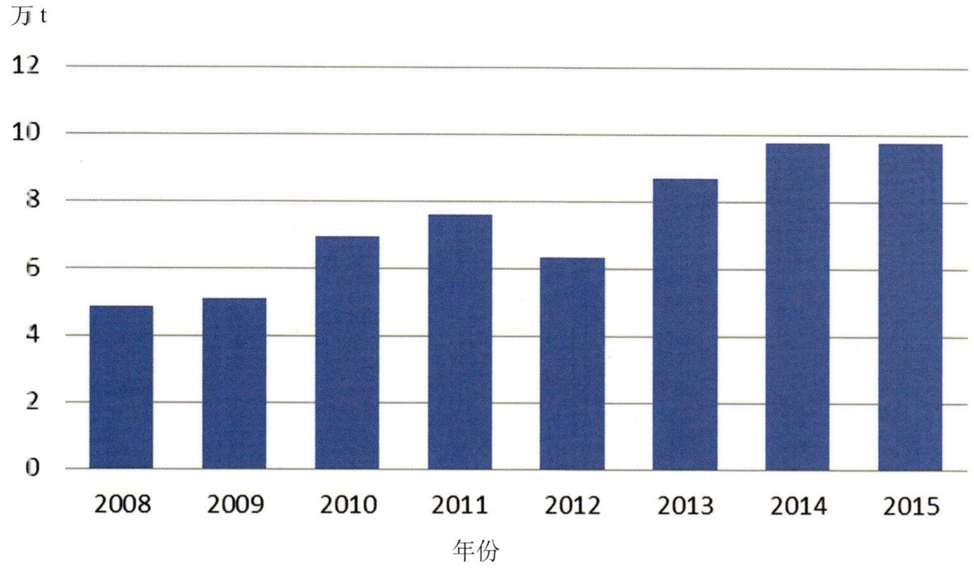

图 14　2008—2015 年美国液态奶出口量

图片来源：GLOBAL DAIRY MARKET OUTLOOK, U.S. Exports。

五 政策和奶业科技进展

（一）政策

2014 年，美国农业法案（Farm Bill）对奶业支持政策做出重大调整，取消乳制品收入损失补偿和价格支持两大支柱计划，新增乳制品利润保障项目（Margin Protection Program, MPP）和乳制品捐赠项目（Dairy Product Donation Program, DPDP）两个计划。上述调整更加注重补贴效率和强化风险管理，为牛奶生产建构新安全网（袁祥州，2015）。

（二）奶牛育种与繁殖

美国农业部和美国的奶牛育种公司在奶牛品种的培育和提高上起到了巨大的推动作用。近年来排名前 100 名的种公牛中，约 70% 来自美国的 ABS、CRI、WWS 育种公司。

根据美国奶牛育种委员会（CBCD）数据显示，2015 年全美有超过 438 万头奶牛参加 DHI 测定，占美国奶牛总数的 47.0%。美国公牛的后裔测定也是世界上规模最大的，每年有超过 1 500 头优秀公牛参加后裔测定，占世界叁测头数的 25%，并且每年还有超过 550 头青年公牛利用全基因组选择技术进行后裔测定。在遗传育种上的投入使得美国奶牛品种获得持续、较大的改良，单产稳步增加，使美国成为全球最大的优质种公牛遗传物质的提供者。

2015 年，美国国内共销售 2 369 万剂奶牛冻精（同比增长 1.37%），其中荷斯坦奶牛销售冻精为 1 988 万剂（同比增长 1.18%），娟姗奶牛销售冻精为 305 万剂（同比增长 3.03%）。2015 年美国共出口 1 871 万剂冻精，同比降低 6.53%（图 15）。

（三）奶牛饲养与管理

美国奶牛场十分重视奶牛的科学饲养与管理，通过现代的饲养管理手段，提升牛奶产量和质量，获得较好的养殖效益。TMR、玉米青贮、苜蓿青贮、挤奶机器人、犊牛自动饲喂器等技术和设备得到广泛使用。近几年，部分牛场考虑到资源合理利用等因素，将后备牛与成母牛分开饲养，来降低成本，提高管理的精细度。

美国奶牛养殖注重种养结合。2015 年，美国苜蓿种植面积达到

102.6 万 hm^2，苜蓿干草产量达到 5 897.4 万 t，是我国的 15 倍（382.5 万 t）。种养结合模式和充足的粗饲料资源是美国奶业发展的强有力保证。

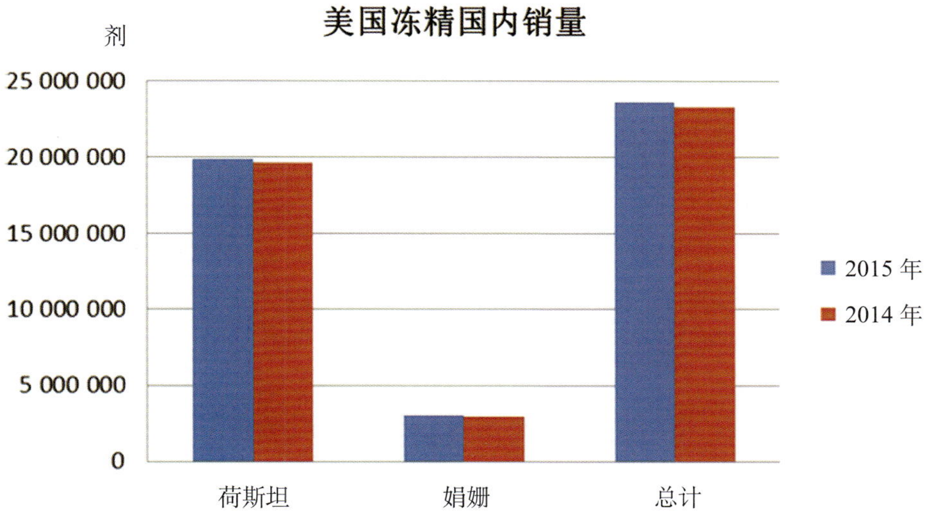

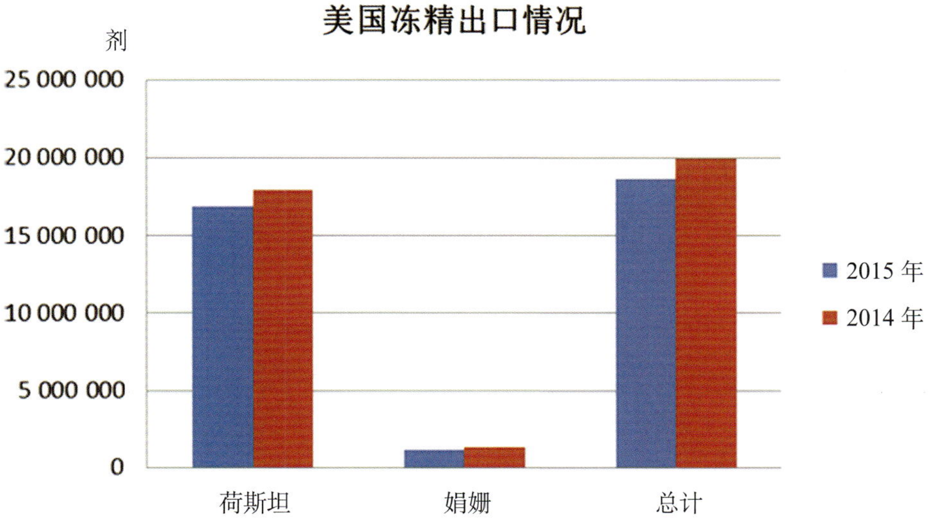

图 15 美国冻精国内销量和出口量

数据来源：NAAB, Annual Reports of Semen Sales and Custom Freezing。

六 值得借鉴的主要经验

奶业在美国是备受关注的产业，从牛奶生产、乳制品加工、价格协调、质量监督到市场管理，都有一套完整的体系和制度。近年来，我国奶牛养殖业发展迅猛，散户逐渐退出，牧场规模化程度不断提高，正是转型的关键时期。加之近两年来，进口乳制品的涌入更是让我们遇到了前所未有的挑战，奶牛养殖行业发起了“提质、节本”的行动来提高行业竞争力，不过在奶业发展的道路上我国还有许多可以借鉴的经验。建议如下：

（1）依据资源配置适度规模养殖。

（2）加强品种改良，整体提高奶牛单产水平和乳制品质量。

（3）加强种养结合，降低饲料成本，增加竞争力。

（4）加快奶业科技创新，完善奶业信息化服务系统。

（5）加大奶业发展宣传力度。

附表 美国奶业数据

附表 1 美国奶牛头数、单产水平和总奶产量（1961—2015 年）

年份	奶牛头数 /×10³ 头	平均单产 /(kg/ 头)	总奶产量 / 万 t	年份	奶牛头数 /×10³ 头	平均单产 /(kg/ 头)	总奶产量 / 万 t
1961	17 243	3 306	5 701	1 991	9 993	6 818	6 699
1962	16 842	3 400	5 726	1 992	9 826	7 062	6 842
1963	16 260	3 492	5 679	1 993	9 688	7 131	6 832
1964	15 677	3 673	5 759	1 994	9 581	7 338	6 967
1965	14 954	3 766	5 632	1 995	9 494	7 441	7 043

续附表 1

年份	奶牛头数 /×10³头	平均单产 /(kg/头)	总奶产量 /万t	年份	奶牛头数 /×10³头	平均单产 /(kg/头)	总奶产量 /万t
1966	14 071	3 865	5 439	1996	9 466	7 453	6 985
1967	13 415	4 014	5 385	1997	9 372	7 652	7 080
1968	12 832	4 143	5 317	1998	9 252	7 797	7 141
1969	12 307	4 279	5 266	1999	9 158	8 060	7 380
1970	12 000	4 422	5 307	2000	9 156	8 254	7 602
1971	11 839	4 542	5378	2001	9 210	8 227	7 499
1972	11 700	4 653	5 444	2002	9 115	8 438	7 714
1973	11 413	4 589	5 238	2003	9 141	8 508	7 728
1974	11 230	4 668	5 242	2004	9 084	8 605	7 753
1975	11 139	4 699	5 234	2005	9 010	8 876	8 025
1976	11 032	4 941	5 451	2006	9 041	9 049	8 246
1977	10 945	5 083	5 563	2007	9 112	9 219	8 418
1978	10 803	5 099	5 509	2008	9 132	9 249	8 615
1979	10 734	5 212	5 590	2009	9 315	9 331	8 585
1980	10 799	5 393	5 824	2010	9 201	9 599	8 745
1981	10 898	5 526	6 022	2011	9 110	9 719	8 869
1982	11 011	5 582	6 146	2012	9 233	9 862	9 106
1983	11 059	5 725	6 331	2013	9 224	9 916	9 147
1984	10 793	5 692	6 143	2014	9 256	10 118	9 366
1985	10 981	5 912	6 493	2015	9 316	10 179	9 483
1986	10 773	6 026	6 492				
1987	10 327	6 268	6 473				
1988	10 224	6 434	6 578				
1989	10 046	6 497	6 526				
1990	9 993	6 705	6 700				

数据来源：FAO（1961—2011），USDA/NASS（2012—2015）。

附表 2　美国主要乳制品产量（1961—2014 年）　t

年份	黄油	脱脂奶酪	全脂奶酪	脱脂炼乳	脱脂奶粉	脱脂牛奶	全脂奶粉	全脂蒸发奶	乳清粉
1961	696 629	364 663	741 393	391 035	916 183	13524 300	37 056	1193 760	123 143
1962	716 063	368 424	722 115	398 754	1011 510	14633 300	39 062	1092 540	129 203
1963	659 087	375 435	740 173	381 465	955 287	13963 600	41 283	1074 530	143 753
1964	665 704	390 923	781 808	405 759	987 551	14454 900	39 744	1086 270	168 711
1965	610 525	391 979	796 261	434 951	901 967	13610 000	40 198	987 819	183 386
1966	511 776	390 547	840 960	466 953	716 600	11615 000	42 796	996 299	213 611
1967	561 621	393 714	870 362	425 235	759 686	12040 000	33 724	855 356	223 536
1968	532 968	408 708	881 779	420 769	741 294	11679 000	36 206	816 302	224 606
1969	510 955	433 035	902 457	437 649	665 277	10959 000	31 860	805 546	234 268
1970	518 470	471 100	998 550	452 306	660 442	11053 000	31 157	686 808	281 695
1971	520 268	493 916	1076 970	465 624	648 200	10978 000	32 729	676 933	308 192
1972	499 818	505 800	1181 430	444 080	560 777	10077 000	34 130	650 930	345 646
1973	416 678	492 691	1218 050	403 751	420 170	8274 000	35 364	607 149	350 371
1974	436 228	443 431	1332 360	331 496	465 174	8316 120	30 718	582 734	386 164
1975	446 238	449 509	1275 230	351 796	457 848	8350 590	28 615	552 283	270 154
1976	443 897	458 128	1506 030	360 982	422 790	8037 520	35 420	545 556	300 168
1977	492 600	461 303	1523 400	397 638	505 530	8970 780	31 470	471 282	284 765
1978	451 000	464 342	1596 490	363 483	420 450	7918 770	33 846	459 616	322 725
1979	446 609	452 730	1686 100	352 265	414 963	7689 710	38 700	469 574	332 455
1980	519 480	455 451	1806 720	349 982	529 630	8947 600	37 520	428 567	312 850
1981	557 095	445 291	1940 260	338 745	599 700	9639 800	42 059	464 426	353 220
1982	570 146	438 351	2060 100	332 096	639 650	9961 750	46 370	466 494	358 560
1983	589 325	434 722	2186 100	361 165	685 023	10519 400	50 440	436 461	404 680
1984	500 453	437 897	2120 000	405 003	529 950	8937 300	54 260	431 816	407 290

续附表 2

年份	黄油	脱脂奶酪	全脂奶酪	脱脂炼乳	脱脂奶粉	脱脂牛奶	全脂奶粉	全脂蒸发奶	乳清粉
1985	566 000	435 448	2304 650	421 036	634 635	10166 800	53 912	443 159	447 616
1986	545 400	440 120	2362 850	478 086	586 900	9880 850	55 504	423 544	467 666
1987	500 800	428 800	2424 000	482 680	488 350	8689 900	65 660	431 214	475 800
1988	547 500	425 900	2527 000	501 075	452 900	8264 500	78 170	421 466	515 726
1989	587 600	396 000	2547 000	538 202	405 230	7724 660	79 726	361 093	485 100
1990	590 700	377 600	2748 500	550 330	409 330	7777 920	79 437	386 900	518 600
1991	606 000	371 500	2746 500	565 229	401 310	7741 020	48 434	246 343	529 500
1992	619 200	356 900	2943 000	599 871	400 100	7938 800	76 350	264 043	561 228
1993	596 560	340 000	2961 000	620 172	433 000	8177 830	69 780	242 448	542 668
1994	587 810	331 600	3054 000	630 444	558 000	9672 220	76 000	243 979	549 657
1995	573 555	356 000	3137 450	530 538	563 610	9365 730	78 000	216 207	532 190
1996	532 732	353 000	3273 820	478 296	484 460	8285 380	61 000	210 291	506 442
1997	522 000	320 000	3325 000	476 700	554 680	9078 670	55 380	249 080	515 650
1998	529 800	330 500	3398 000	495 128	517 000	8731 920	64 650	209 343	528 000
1999	578 350	327 450	3603 500	545 150	627 300	10124 500	53 520	213 198	534 450
2000	569 727	333 450	3745 770	479 200	661 000	10302 400	50 500	200 500	539 000
2001	558 752	336 800	3746 960	440 000	645 000	9931 860	18 800	205 400	474 400
2002	614 685	339 490	3876 980	478 900	727 340	10950 600	21 500	260 000	505 900
2003	563 524	349 052	3881 500	427 262	723 317	10786 600	17 500	262 100	492 223
2004	565 484	353 300	4024 800	423 900	643 000	9908 600	18 900	240 363	469 422
2005	611 153	355 900	4150 060	490 800	695 400	10750 100	14 700	239 163	472 000
2006	656 995	352 895	4320 270	563 279	689 403	11565 000	13 845	220 280	503 313
2007	695 307	354 709	4400 070	756 590	683 025	12238 000	14 400	225 482	514 310
2008	745 613	354 709	4495 610	697 796	840 000	13200 000	22 740	242 394	490 754
2009	713 269	354 709	4569 800	687 067	785 000	13200 000	27 016	237 840	454 126

续附表 2

年份	黄油	脱脂奶酪	全脂奶酪	脱脂炼乳	脱脂奶粉	脱脂牛奶	全脂奶粉	全脂蒸发奶	乳清粉
2010	709 425	354 709	4733 660	723 953	785 000	13200 000	31 732	228 009	459 503
2011	820 891	356 000	4806 731	731 850	708 746	14843 500	29 840	224 462	459 144
2012	845 244	360 000	4938 922	725 000	790 000	15126 450	31 000	228 000	454 044
2013	846 598	363 000	5046 213	726 000	792 000	15360 450	32 000	23 200	433 173
2014	843 786	365 000	5204 598	—	—	—	—	—	395 300

数据来源：FAO（1961—2013）；USDA/NASS（2014）。

附表 3　美国主要乳制品消费量（1975—2015）

kg/（人·年）

年份	液态奶	酸奶	黄油	奶酪	冰淇淋	奶粉	所有乳制品
1975	112.30	0.90	2.15	8.57	11.78	2.62	245.06
1976	111.89	0.97	1.96	9.16	11.34	2.87	245.33
1977	110.85	1.07	1.95	9.37	11.36	2.82	245.55
1978	109.43	1.12	1.98	9.74	11.33	2.73	247.39
1979	108.15	1.11	2.04	9.82	11.02	2.95	249.18
1980	106.03	1.14	2.03	9.97	11.01	2.82	246.92
1981	104.39	1.11	1.93	10.20	10.92	2.47	245.72
1982	101.60	1.18	1.98	10.94	10.84	2.55	252.07
1983	101.32	1.44	2.23	11.21	11.17	2.70	260.39
1984	101.75	1.62	2.26	11.62	11.27	2.87	264.49
1985	103.05	1.80	2.21	12.08	11.21	2.89	269.85
1986	102.64	1.89	2.20	12.34	11.47	3.11	268.84
1987	101.15	2.01	2.02	12.72	11.53	3.08	273.29
1988	101.02	2.14	2.04	12.52	11.33	3.13	264.78
1989	101.04	1.67	2.01	12.42	11.00	2.88	256.29
1990	99.73	1.77	1.96	12.70	9.92	3.37	258.16

续附表 3

年份	液态奶	酸奶	黄油	奶酪	冰淇淋	奶粉	所有乳制品
1991	98.92	1.87	1.99	12.80	10.03	3.09	256.23
1992	97.50	2.01	1.97	13.14	9.82	3.34	255.65
1993	95.09	2.22	2.12	13.14	9.67	3.10	258.76
1994	94.45	2.37	2.15	13.33	9.89	3.56	263.62
1995	93.17	2.79	2.10	13.34	10.12	3.75	259.22
1996	92.85	2.67	1.95	13.47	10.19	3.74	255.39
1997	91.33	2.61	1.90	13.58	10.49	3.57	256.45
1998	89.83	2.70	1.97	13.75	10.71	3.56	259.15
1999	89.44	2.79	2.10	14.30	10.66	3.36	264.84
2000	89.29	2.96	2.03	14.61	10.48	3.16	268.16
2001	87.62	3.20	1.97	14.72	10.29	3.15	266.47
2002	87.02	3.65	2.00	14.93	10.14	3.22	267.59
2003	85.89	3.93	2.02	14.95	10.37	3.21	270.88
2004	84.63	4.20	2.04	15.28	9.68	3.66	270.33
2005	84.06	4.71	2.05	15.44	9.67	3.32	274.26
2006	83.47	5.04	2.12	15.80	9.82	2.77	278.11
2007	82.36	5.27	2.13	16.02	9.57	2.47	278.23
2008	81.41	5.34	2.26	15.68	9.32	2.85	275.83
2009	81.12	5.67	2.25	15.74	9.27	3.16	276.04
2010	80.64	6.12	2.24	15.93	9.38	2.52	274.11
2011	79.03	6.21	2.44	16.02	9.04	2.55	274.18
2012	77.23	6.38	2.50	16.14	9.30	2.88	278.65
2013	75.02	6.79	2.49	16.15	8.85	2.57	275.13
2014	72.22	6.75	2.50	16.37	8.72	2.65	279.26
2015	—	—	2.55	15.93	—	—	—

数据来源：USDA/ERS，“Dairy Data”（1975—2015）。

附表 4　美国主要乳制品进出口贸易量（1961—2013）　　t

年份	进口量				出口量			
	黄油	奶酪	脱脂奶粉	全脂奶粉	黄油	奶酪	脱脂奶粉	全脂奶粉
1961	390	34 390	1 200	0	2 597	4 000	331 297	7 926
1962	358	35 205	800	0	5 026	7 661	395 659	6 053
1963	338	37 662	1 180	0	7 609	15 237	507 661	13 522
1964	309	35 692	803	0	70 700	4 122	594 620	6 304
1965	361	35 069	662	0	28 031	3 101	391 483	9 088
1966	303	62 093	1 289	0	5 505	2 834	175 856	7 492
1967	429	69 070	492	0	1 907	3 272	185 528	5 811
1968	423	79 175	1 111	0	12 687	3 258	180 019	8 456
1969	424	61 598	2 067	0	8 263	3 406	150 175	7 086
1970	572	73 525	3 734	0	1 022	3 298	190 106	6 337
1971	320	61 683	3 188	0	43 006	3 193	163 860	11 332
1972	340	82 362	1 062	0	19 698	3 099	128 399	17 749
1973	20500	109 327	125 175	0	1 621	3 491	8 405	22 931
1974	3474	139 059	79 744	0	1 168	4 212	4 705	20 795
1975	306	81 981	285	0	405	4 141	51 262	16 191
1976	344	94 565	2 061	0	856	4 222	45 606	14 370
1977	484	94059	2 531	0	1 315	5 212	57 458	10 903
1978	533	112 184	2 875	0	402	4 972	103 264	5 943
1979	526	112 648	1 210	0	431	5 582	68 216	4 435
1980	440	105 511	1 721	0	396	6 171	102 107	35 757
1981	938	111 692	7 314	0	54 207	6 106	93 855	36 430
1982	903	115 144	1 461	0	67 343	18 159	126 721	24 818
1983	813	114 250	0	1 789	32 974	18 004	234 251	24 947
1984	933	122 840	0	2 861	49 952	17 422	264 517	6 394
1985	1323	118 502	0	3 550	44 366	16 013	304 885	40 683
1986	1549	113 155	0	3 746	16 429	13 986	347 155	20 525
1987	1557	110 563	0	4 559	14 185	20 075	298 821	3 966
1988	1645	97 470	0	4 253	9 083	24 959	218 978	8 705

续附表 4

年份	进口量				出口量			
	黄油	奶酪	脱脂奶粉	全脂奶粉	黄油	奶酪	脱脂奶粉	全脂奶粉
1989	1 792	106 292	5 693	497	20 818	10 766	117 203	40 213
1990	1 563	116 151	4 131	531	52 465	13 048	7 177	6 505
1991	1 818	102 492	3 948	1 646	16 157	13 856	43 502	8 805
1992	1 715	107 881	5 990	2 096	66 926	17 467	74 696	28 396
1993	1 658	115 521	5 418	2 591	92 329	18 522	76 273	37 640
1994	1 278	123 996	4 645	3 159	45 872	24 761	49 436	29 349
1995	1 237	122 542	2 217	1 275	27 308	31 990	59 634	64 954
1996	2 811	125 000	4 028	2 358	15 402	35 845	18 534	17 741
1997	7 217	112 642	5 829	4 111	11 598	40 157	62 470	48 675
1998	26 153	142 292	6 791	6 718	5 441	40 592	72 946	51 389
1999	18 655	170 537	9 597	6 506	2 426	43 121	120 858	17 790
2000	15 140	160 545	12 203	4 938	2 198	49 865	101 496	29 404
2001	36 016	142 177	3 520	4 573	2 392	45 070	96 215	51 600
2002	25 339	187 728	9 546	6 085	3 458	55 620	74 246	41 716
2003	22 630	184 663	2 808	7 480	5 273	53 700	115 695	29 342
2004	40 206	181 982	1 028	8 277	7 661	62 371	231 696	47 103
2005	40 988	177 536	1 383	13 994	7 293	58 367	280 482	19 104
2006	25 378	171 375	842	15 559	9 021	71 089	286 512	15 205
2007	25 444	166 523	1 714	21 974	35 183	101 190	258 594	24 881
2008	7 965	141 120	962	19 635	81 756	133 489	391 381	40 461
2009	12 754	135 318	336	21 733	23 802	109 963	248 832	23 167
2010	12 042	114 118	231	7 746	46 213	175 216	384 017	53 149
2011	7 077	116 955	472	8 286	53 517	225 933	436 233	21 835
2012	9 098	148 268	1 780	10 102	46 337	243 982	445 143	21 008
2013	8 258	141 623	525	8 148	83 985	299 120	554 773	39 767
2014	—	—	—	—	59 052	368 728	545 956	54 651
2015	—	—	—	—	16 907	316 708	559 735	33 786

数据来源：FAO（1961—2013），U.S. Dairy Export Council （2014—2015）。

附表 5　主要乳制品进出口贸易额（1961—2015）

×10^3 美元

年份	进口额				出口额			
	黄油	奶酪	脱脂奶粉	全脂奶粉	黄油	奶酪	脱脂奶粉	全脂奶粉
1961	391	35 599	213	0	4 492	4 615	72 371	9 806
1962	368	36 345	133	0	6 280	6 282	75 080	7 556
1963	361	37 255	217	0	8 809	10 626	94 116	12 809
1964	368	39 873	150	0	63 691	4 043	112 679	5 654
1965	405	43 018	184	0	29 738	3 498	117 652	8 212
1966	361	60 632	371	0	8 120	3 735	63 274	4 870
1967	442	64 827	163	0	2 297	4 356	80 419	2 811
1968	452	70 373	291	0	23 299	4 640	78 743	3 204
1969	422	67 037	518	0	14 879	4 565	70 980	5 568
1970	685	84 026	1 015	0	684	5 392	102 496	4 200
1971	425	75 865	1 305	0	47 892	5 126	97 497	5 118
1972	473	111 461	568	0	23 045	5 511	78 354	6 295
1973	25 966	156 218	91 132	0	1 981	6 689	5 815	9 224
1974	4 104	235 894	76 686	0	1 631	9 420	4 540	11 498
1975	407	168 041	63	0	779	10 422	63 731	8 988
1976	527	208 428	1 281	0	1 396	11 764	50 252	9 395
1977	687	215 204	1 090	0	1 644	14 892	84 110	8 160
1978	898	270 050	1 658	0	829	14 839	73 063	6 888
1979	1 002	294 608	815	0	1 058	17 581	26 357	5 066
1980	1 136	307 373	1 610	0	981	21 264	46 656	37 290
1981	2 431	331 538	8 410	0	90 722	22 423	44 371	46 233
1982	2 590	352 373	1 614	0	116 881	32 660	72 692	28 297
1983	2 447	360 234	0	1 843	50 959	32 686	171 705	27 248
1984	2 532	370 214	0	2 768	74 129	34 624	163 414	6 160
1985	2 880	359 675	0	3 014	71 018	29 422	185 617	13 719
1986	3 347	361 795	0	3 350	26 766	31 147	216 670	14 978
1987	3 297	375 269	0	4 253	15 800	37 533	198 764	4 681
1988	3 507	331 230	0	5 686	10 601	48 152	241 905	12 798

续附表 5

年份	进口额				出口额			
	黄油	奶酪	脱脂奶粉	全脂奶粉	黄油	奶酪	脱脂奶粉	全脂奶粉
1989	4 382	342 215	11 207	989	36 216	26 755	102 420	70 872
1990	3 851	390 156	7 125	1 126	83 216	44 258	11 679	12 003
1991	4 022	334 853	6 794	2 191	24 297	44 510	65 742	9 936
1992	3 802	369 380	7 945	2 875	109 125	59 697	118 435	45 346
1993	3 569	384 394	8 691	4 133	126 283	66 916	133 776	69 549
1994	2 482	411 142	8 230	4 885	61 343	81 853	83 963	48 905
1995	2 799	451 131	4 619	1 980	45 678	101 386	115 870	103 282
1996	5 837	485 170	8 637	4 930	31 154	120 599	35 111	21 756
1997	14 501	445 313	13 022	8 697	21 989	136 995	109 999	76 239
1998	56 637	542 290	13 467	12 561	10 936	130 581	120 666	72 414
1999	34 127	606 750	14 847	11 231	3 999	147 795	167 709	21 606
2000	25 768	585 619	13 667	9 691	3 784	148 291	158 380	42 847
2001	65 299	548 433	7 234	10 381	4 216	141 053	189 663	59 789
2002	39 383	643 398	12 679	9 859	5 960	167 325	114 848	47 676
2003	39 635	756 943	4 200	16 759	9 682	157 501	184 275	37 390
2004	91 356	839 367	2 748	19 420	15 593	201 410	445 509	78 642
2005	94 451	866 516	3 841	34 954	15 439	204 417	564 274	24 342
2006	56 105	866 358	2 519	35 760	15 270	244 875	588 571	24 145
2007	62 287	926 878	2 174	31 272	99 997	395 121	837 826	49 914
2008	32 490	960 538	2 558	30 432	241 959	578 452	1 380 360	105 037
2009	33 937	817 876	1 147	36 800	64 970	436 989	519 985	47 290
2010	39 301	809 918	962	24 637	161 667	701 854	1 036 354	127 865
2011	37 413	906 326	2 593	35 573	234 167	965 955	1 451 942	58 619
2012	38 629	1065 770	4 981	43 291	164 332	1 043 608	1 347 360	50 106
2013	43 693	1157 352	1 893	41 600	317 667	1 280 359	2 050 095	128 728
2014	—	—	—	—	235 810	1 704 949	2 106 613	188 934
2015	—	—	—	—	64 628	1 386 343	1 389 526	82 804

数据来源：FAO（1961—2013），U.S. Dairy Export Council（2014—2015）。

（曹志军 肖鉴鑫 李胜利 姚 琨）

参考文献

[1] CDCB. 2015 Averages of DHI cow herds by breed and test-plan category. https://www.cdcb.us/publish/dhi/current/hax.html.

[2] Economic Research Service calculations based on data from USDA's 2014 Agricultural Resource Management Survey, USDA. http://www.ers.usda.gov/data-products.aspx.

[3] FAO: Food and Agriculture Organization. http://faostat.fao.org/site/339/default.aspx.

[4] Fewest dairies exit since tracking began, Hoard's Dairyman, 2014. http://www.hoards.com/T15mar10-2014-dairy-farm-numbers.

[5] Milk price, Monthly Data, Understanding Dairy Market. http://future.aae.wisc.edu/.

[6] NAAB. Annual Reports of Semen Sales and Custom Freezing. http://www.naab-css.org/sales/table36.html.

[7] National Milk Producers Federation（NMPF). http://www.nmpf.org/dairy-market-update/us-all-milk-prices.

[8] NDM/SMP volumes lead January results, GLOBAL DAIRY MARKET OUTLOOK.http://www.usdec.org/Documents/Supplier%20Site/Researchand Data/USExportData/January2016SummaryofU.S.ExportsYTD.pdf.

[9] U.S Dairy Export Council: http://www.usdec.org/ Why/content.cfm?Item Number=82367&navItemNumber=82213.

[10] USAD: http://www.usda.gov/wps/portal/usda/usdahome.

[11] USDA. Census of Agriculture, USDA, 2014. http://quickstats.nass.usda.gov/.

[12] USDA. National Agricultural Statistics Service, uickstats. http://www.nass.usda.gov/Quick_Stats/Lite/.

[13] Wolf C., Bozic M., Stephenson M., Behnke K.. 2015. “Where the Grass is Always Greener: Dairy Farmer Location Preferences”. Choices. Quarter 2. Available online: http://choicesmagazine. org/ choices-magazine/submitted-articles/where-the-grass-is-always-greener-dairy-farmer-location-preferences.

[14] 李胜利，王锋．世界奶业发展报告 [M]. 北京：中国农业大学出版社，2014.

[15] 袁祥州．美国 2014 年农业法案对奶业安全网的调整及其影响 [J]. 世界农业，2015.

2015年 新西兰奶业发展报告

新西兰的畜牧业经济发达，奶业地位尤其重要，占农业经济总产值的 30% 以上。新西兰的乳制品、羊肉和粗羊毛的出口量均为世界第 1 位，生产的乳制品 95% 以上用于出口，其乳制品出口到全世界 150 多个国家，占全世界出口量的 1/3。

一 奶牛养殖业

（一）奶业养殖概况

新西兰位于大洋洲，四季温差小，水、草资源丰富，适合发展畜牧业，尤其是奶牛业。新西兰草地资源非常丰富，草地面积达 1 400 万 hm^2，天然牧场或农场占国土面积的 1/2。每公顷草地可饲养泌乳奶牛头数 2.8 头。人工草地主要是黑麦草、三叶草、高羊茅草混播，牧草产量和质量高，牧草干物质产量达到 12 ～ 17 t/hm^2。

新西兰奶牛养殖过去集中在北岛地区，奶牛存栏量占全国存栏总量的 80%，南岛地区奶牛饲养量占全国的 20% 左右。近年来，由于奶牛养殖经济效益较高，南岛一些农场从饲养绵羊和肉牛转而饲养奶牛，因而南岛奶牛饲养量近年来增加较快。据统计，新西兰 2015 年奶牛存栏 517.8 万头（注：新西兰奶业年度为 6 月 1 日至次年 5 月 31 日），约占全世界奶牛存栏量的 1.9%。新西兰奶牛养殖规模在过去 30 年内的总体趋势是奶牛场（牛群）数量减少，牛群平均头数增加。

（二）养殖品种

新西兰奶牛主要包括荷斯坦牛、娟姗牛、娟姗与荷斯坦杂交牛（Kiwi 杂交牛），以及少量的瑞士褐牛、更赛牛和荷兰红白花牛等品种。其中 Kiwi 杂交牛所占比例逐年增加，已经超过全国奶牛总数的 40%。

（三）养殖模式

自 1840 年最早的奶牛牧场建立以来，放牧条件下，牛奶生产受牧草生长变化的影响较大，表现出很强的季节性。新西兰约 97% 奶牛群的生产季节在每年 7 月份至来年 5 月份之间，即所谓的产奶季节，其中 10 月份达到原料奶收购和加工的高峰。5—7 月份，大部分奶牛进入干奶期。只有约 3% 的牛群常年产奶，以满足非产奶季节国内液态奶消费需求。与舍饲比较，放牧饲养具有投资少、原料奶质量高、劳动力成本低和奶牛生活环境舒适等优点。在放牧条件下几个品种奶牛的利用年限均较长，6 岁以上成母牛比例均在 35% 以上。新西兰的奶牛养殖一直是放牧为主的饲养模式，近年来奶牛群的平均规模有所增长。为了增加牛奶产量，根据降雨量、牧草生长季以及饲养方式，在放牧的基础上，按照补充饲料的多少分为5个生产系统：

第一种是全部放牧，不补充饲料；

第二种是除放牧外，根据雨水多少和气温变化，补充4%～14%的饲料；

第三种是在产奶期补充10%～20%的饲料；

第四种是在产奶后期和干奶期饲喂20%～30%的饲料；

第五种是全年补饲，补饲量占25%～40%。

这5个生产系统，因不同地区和季节而异，确保了牛奶干物质含量都很高。新西兰多采用产奶季泌乳高峰期日挤奶2次、产奶季末期产量下降后日挤奶1次的挤奶制度。

（四）经营方式

新西兰奶牛场主要有两种经营形式：农场主式（owner）和参股制式（sharemilker）。第一种形式中农场主拥有奶牛场、奶牛和土地资源，并直接参与奶牛场经营与管理；第二种形式是农场主拥有奶牛场的土地和基础设施，和（或）拥有部分奶牛，但是一般不直接参与奶牛场管理和经营活动，而是雇佣其他人员经营管理。受雇佣人员负责奶牛场日常经营和管理工作，其在牛场的劳动收入可按照投入牛场的投资（奶牛、资金或者机械），从而占有牛场一定比例的股份，从而逐渐与原农场主（土地和牛场基础设施拥有者）共同拥有奶牛场。

二 乳及乳制品产量和价格

（一）牛奶及乳制品产量

1. 牛奶产量

根据 FAO 和 IndexMundi 的统计数据（附表 1），新西兰牛奶总产量近 30 年来逐渐增加，于 1996 年突破 1 000 万 t，2015 年增长至 2 139.1 万 t。新西兰奶牛单产水平较低，虽然也呈现持续的增长态势，但进展较缓，30 年间的年平均增长率为 0.3%。进入 21 世纪后，单产首次超过 3.5 t，但直至 2014 年每头每年的产量也仅为 4.1 t，这主要归因于新西兰奶牛是以放牧为主的饲养模式。此种饲养模式下奶牛单产虽低，但是乳中固形物含量较高。

2. 乳制品产量

新西兰乳制品超过 100 个品种，主要包括液态奶（巴氏消毒奶和超高温 UHT 奶）、冰激凌、黄油、炼乳、乳清、奶粉（全脂和脱脂）、奶酪和酸奶等。新西兰奶粉、奶酪、奶油、炼乳等主要乳产品 30 年来产量逐渐增加（附表 2），全脂奶粉增加速度较快，这主要是新西兰奶粉出口量增加的原因。

如图 1 所示，奶粉一直是新西兰最主要的乳制品，近 30 年来新西兰全脂奶粉占乳制品的比例急剧增加，从 1983 年的 20% 以下，增加到 2015 年的 43% 以上。

脱脂奶粉变化幅度较大，2002 年约占 18%，2008 年止跌而上升，2015 年达到 22% 左右。奶油所占比例 1970 年曾达到历史最高的

50% 左右，但是奶油比例总体呈现下降趋势，2015 年占 21%。

奶酪所占比例变化不大，从 1983—2015 年基本在 12% ~ 20% 之间变化。2016 年国际乳制品市场需求难以出现大的起色，因此预计 2016 年新西兰的原料奶产量不会有大的增幅。

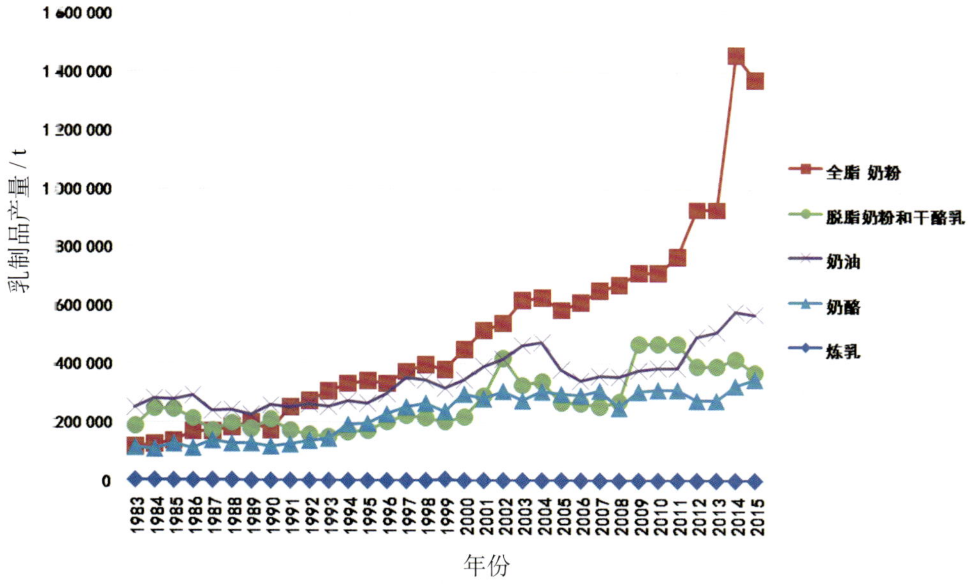

图 1　新西兰主要乳制品产量随年份变化情况

（二）原料奶收购价格

2015 年新西兰的原料奶收购价格平均值为 37.5 新元 /100 kg，折合人民币 1.65 元 /kg，比 2014 年的 52.2 新元下跌了 14.7 新元，跌幅为 28.2%（图 2）。从全年的走势来看（图 3），整体上价格保持在低位，且相对平稳，年中出现小幅波动。由于 2015 年的原料奶价格已经使得相当比例的新西兰奶农亏损，而 2016 年度国际乳制品需求难以出现大的改善，且其他主要乳制品出口国还具备一定的增产可能，因此

2016 年新西兰的原料奶价格难以出现大幅回升。

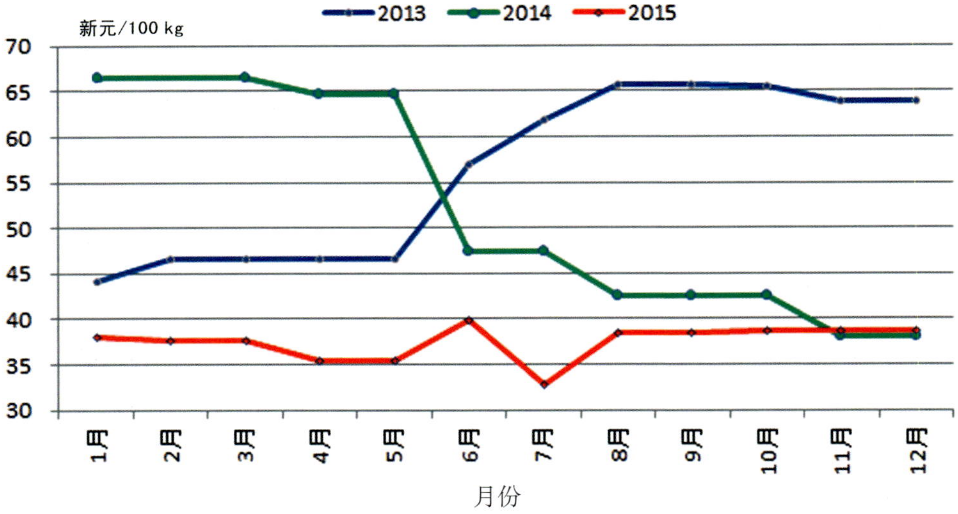

图 2　新西兰月度原料奶收购价

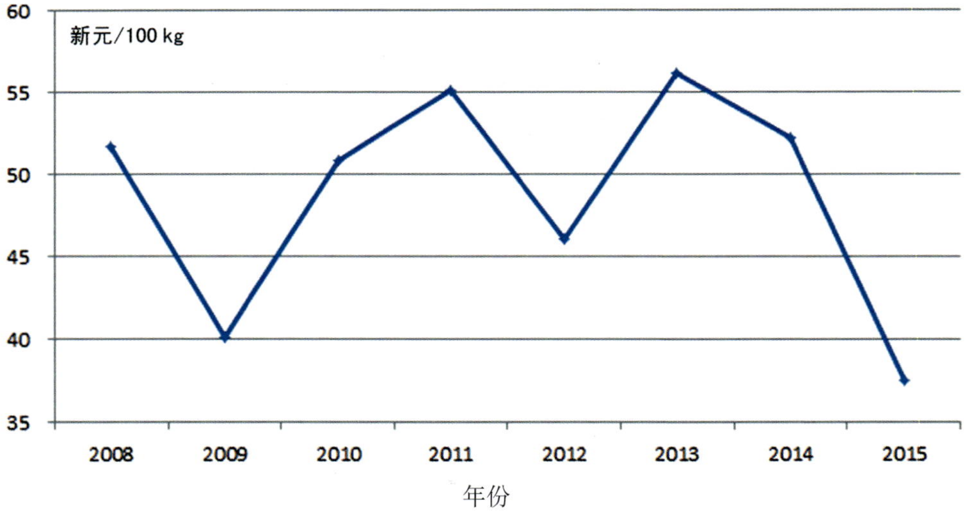

图 3　新西兰年度原料奶价格

三 乳制品贸易

新西兰奶业是典型的出口型奶业，每年乳及乳制品出口贸易收入达140亿新西兰元，所生产的乳制品95%以上出口到全世界150多个国家，国内消费只占其生产总量的5%左右。虽然新西兰乳制品生产量只占世界总量的2%左右，但是新西兰乳制品出口量却占全世界乳制品出口贸易量的33%以上。

新西兰乳制品出口主要对象有欧盟、美国、中国、日本、马来西亚等，出口产品以奶粉为主。2013年新西兰出口到欧盟、美国、中国、菲律宾、沙特、日本、墨西哥、澳大利亚、印度尼西亚、马来西亚和泰国等11个主要乳制品贸易国家和地区的乳制品量占新西兰出口总量的56%，其余国家占44%左右。其中，中国是新西兰出口奶粉最多的国家，根据FAO数据，2013年中国进口新西兰全脂奶粉72.46万t，远超占新西兰奶粉出口量第二位的委内瑞拉（14.31万t）。

新西兰近30年主要乳制品进口和出口贸易量和贸易额情况见附表3、附表4、图4、图5。新西兰鲜乳、奶油、奶酪、脱脂奶粉和全脂奶粉出口量逐年增加，这5种主要乳产品2015年出口达到279万t，出口贸易额达到101亿美元。新西兰乳产品进口数量很少，2015年新西兰进口鲜乳、奶油、奶酪、脱脂奶粉和全脂奶粉总计不到2.2万t，进口贸易额0.59亿美元。

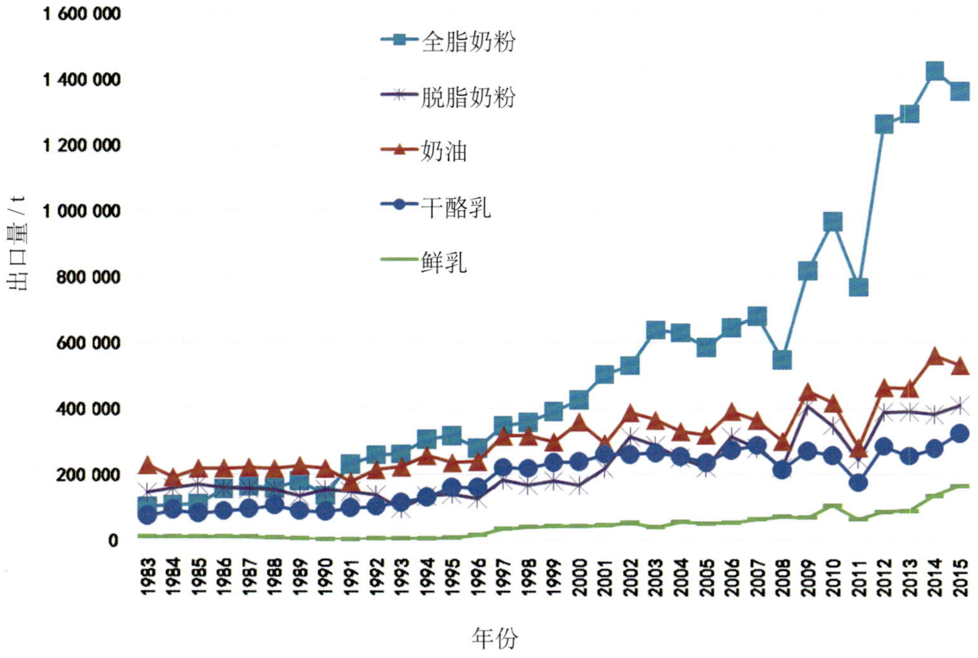

图 4 新西兰主要乳制品出口量随年份变化图

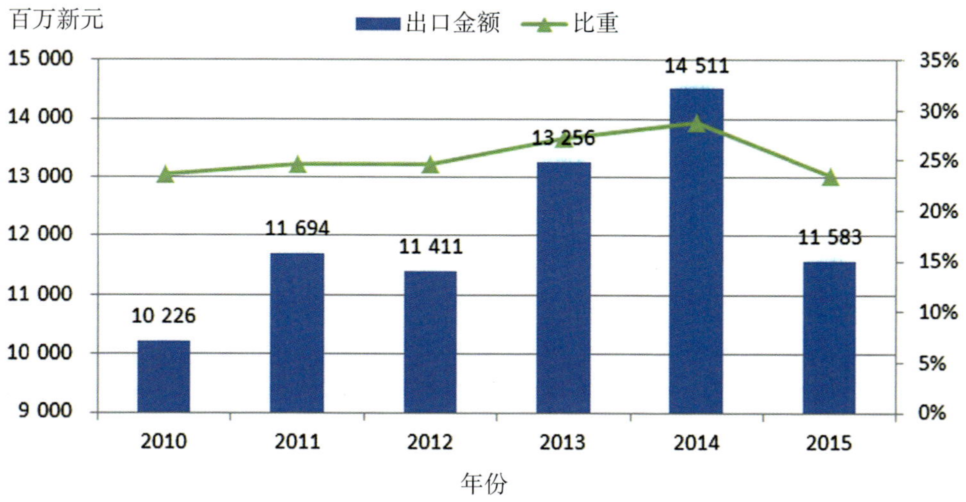

图 5 新西兰乳制品出口金额及占全部商品出口比例

我国是新西兰乳制品出口的重要目的地，特别是2008年10月1日《中华人民共和国政府和新西兰政府自由贸易协定》生效后，新西兰出口到我国的乳制品数量持续增加。据中国奶业统计资料，自2009年，新西兰出口到我国的乳制品连续7年触发特殊保障措施触发标准。根据海关总署公告2015年第1号（关于2015年进口原产于新西兰的固状和浓缩非固状乳及奶油实施特殊保障措施的公告），截至2015年1月3日，实施特殊保障措施管理的固状和浓缩非固状乳及奶油进口申报数量已达到16.24万t，超过2015年13.36万t的特殊保障措施触发标准，具体数据见附表5。

根据中国奶业协会《2015年年度奶业贸易分析报告》数据，2015年我国进口液奶产品（HS0401）46.01万t，其中，自新西兰进口7.5万t，同比增长65.3%，占全部进口数量的16.3%；新西兰是我国进口奶粉五大来源国之一，2015年进口新西兰奶粉44.78万t，占总进口量的81.8%，婴幼儿配方奶粉从新西兰进口1.45万t，占我国2015年全部进口数量的8.2%；从新西兰进口黄油6.09万t，占总量的85%；奶酪3.68万t，占总量的49%；酪蛋白1.24万t，占总量的59%；白蛋白0.22万t，占总量的13%。

另外，近年来新西兰一直是我国的良种奶牛进口来源国之一，占进口良种奶牛总量的比例很大。根据中国奶业协会《2015年年度奶业贸易分析报告》数据，我国2015年进口的15.33万头种牛中，2.38万头来自新西兰，占我国全部进口数量的16%。

四 奶业科技进展

（一）繁殖与育种进展

在季节性放牧系统下，奶牛的不孕会给牧场带来很大经济损失。在新西兰，杂交奶牛（多为娟珊牛与荷斯坦杂交）取得的遗传进展给牧场带来的经济效益已经与纯种奶牛持平。

研究发现，评价奶牛的繁殖性能可通过观察中性粒细胞占真核细胞的比例来判断，且此种方法优于子宫内细胞细菌学检测或使用阴道排出物评分。在产犊后 28 d 和 42 d，中性粒细胞比例最高的奶牛受孕率更低，配种时间延长且奶产量下降。

有研究调查统计了 2011—2012 年 4 000 多头奶牛，发现其平均奶产量为 13.8 L/d，乳蛋白、乳脂和乳糖含量分别为 3.93%、5.16% 和 5.12%，以上 4 项乳指标遗传力依次为 0.22、0.32、0.35 和 0.25。

（二）营养与饲料技术进展

研究发现，注射生长激素会影响 mTORC1 的信号传导，与核质转运及 mRNA 翻译相关的下游因子无关。在生长激素的作用下，eIF4E（真核起始因子 4E）丰度上升，通过 GF1-IGF1R-MAPK 信号传导级联反应调节核质输出和 mRNA 的翻译。mTOR 通路则通过其他途径调控细胞更新、转化和 rRNA 的转录。

在放牧条件下对泌乳早期奶牛进行补饲不会造成促生长轴的提前闭合；但在新西兰系荷斯坦奶牛中发现，血液胰岛素水平上升，可能会使促生长轴闭合提前。此外，在放牧系统下补饲固然重要，若能同时适当提高草地载畜率，会对奶产量的提高带来协同作用。

关于补饲与放牧行为的研究发现，早晨补饲后的放牧行为与下午补饲不同。早晨补饲后，奶牛会停止采食牧草以防止瘤胃充盈过度限制其采食；采食牧草的时间长短与精料饲喂量成反比。这些结果表明生理因素是刺激放牧条件下的奶牛停止采食的原因，而非物理因素。采食牧草时间的缩短与食糜刺激消化道产生的神经内分泌因子的变化相关。下午补饲后，落日预示着采食牧草即将结束，表明光周期会对奶牛放牧行为产生影响。

针对奶牛的剩余采食量效应，新西兰也开展了相关研究。饲喂高消化率的新鲜黑麦草时，剩余采食量效应为负（即生产效率较高）的奶牛日粮氮的表观消化率更高。青年牛时期剩余采食量效应（RFI）不同的奶牛在进入泌乳期后剩余采食量效应仍旧不同，且最大会有约 3% 的降低。

（三）疾病与健康技术进展

2014 年，新西兰首次发现引起奶牛子宫炎的牛疱疹病毒 4 型（BoHV-4）的表面抗体，同时检测出了牛白血病病毒（BLHV）的 DNA。这两种病毒可能与奶牛的繁殖障碍有潜在关联。

有研究发现，患有子宫内膜炎的奶牛，在产后 70 d 内更有可能不能正常排卵，同时围产期血液白蛋白水平降低，可能导致奶牛肝功能受损。但 NEFA 及葡萄糖水平的变化带来的能量负平衡状态并不是子宫内膜炎发病的风险因素。产犊后初期产生的亚临床子宫内膜炎会在感染自行恢复后的很长一段时间影响卵巢卵泡的类固醇水平，这可能进一步影响卵子的质量及后期的受胎率和产犊间隔天数。

根据考克斯比例风险模型，控制其他因素的影响下，患有跛足的奶牛与健康奶牛相比，受胎率更易受到影响。跛足的奶牛完成受胎直至怀孕的天数比健康奶牛多 12 d。

泌乳早期血液中 BHBA 含量大于 1.2 mmol/L 的奶牛患脓性阴道分泌物（PVD）的概率上升，同时怀孕率降低。不同个体或群体，奶牛亚临床酮病的发生率差异较大。

（四）检测和加工

在新西兰，有研究发现针对牛奶掺假可选择 Raman 光谱学方法进行筛选，可检测出掺有小分子含氮化合物及蔗糖的牛奶。此外，使用衰减全反射法红外光谱分析仪，用偏最小二乘法（PLS-DA）建立模型，可检查出牛奶是否掺有水、淀粉、柠檬酸钠、甲醛或蔗糖。

研究发现聚合乳蛋白可以在牛奶喷粉过程中给油滴提供稳定性。随着喷粉过程中乳蛋白含量上升，与乳蛋白结合的粉末中可提取油脂的含量下降。

附表　新西兰奶业数据

附表根据 FAO 1983—2013 年数据和 IndexMundi 2014—2015 年数据统计。

附表 1　新西兰奶牛头数、总奶产量和单产水平

年份	奶牛头数	总奶产量 / 万 t	单产水平 / （kg/ 头）
1983	2 404 000	691.60	2 876.85
1984	2 483 000	762.43	3 070.58
1985	2 546 000	788.40	3 096.62

续附表 1

年份	奶牛头数	总奶产量 / 万 t	单产水平 / （kg/ 头）
1986	2 622 000	823.50	3 140.73
1987	2 551 000	729.20	2 858.49
1988	2 562 230	775.10	3 025.10
1989	2 621 380	725.20	2 766.48
1990	2 723 080	750.90	2 757.54
1991	2 641 710	787.10	2 979.51
1992	2 723 000	805.00	2 956.30
1993	2 808 000	900.30	3 206.20
1994	2 994 000	981.20	3 277.22
1995	3 153 000	928.50	2 944.81
1996	3 220 000	1 001.00	3 108.70
1997	3 377 000	1 105.80	3 274.50
1998	3 467 000	1 138.00	3 282.38
1999	3 357 860	1 088.14	3 240.58
2000	3 337 490	1 223.54	3 666.05
2001	3 556 000	1 311.94	3 689.37
2002	3 747 000	1 386.59	3 700.53
2003	3 928 140	1 434.90	3 652.87
2004	4 103 320	1 503.00	3 662.89
2005	4 105 990	1 463.79	3 565.01
2006	4 137 700	1 517.25	3 666.89
2007	4 167 120	1 561.83	3 747.98
2008	4 347 660	1 521.68	3 500.00
2009	4 607 000	1 566.74	3 400.78
2010	4 680 100	1 701.05	3 634.65
2011	4 816 000	1 733.90	3 715.50
2012	4 634 226	1 912.90	4 127.80
2013	4 784 250	1 888.30	3 946.90
2014	5 440 000	2 189.30	4 024.45
2015	5 178 000	2 139.10	4 131.13

附表 2　新西兰主要乳制品产量　t

年份	鲜奶	奶油	奶酪	炼乳	全脂奶粉	脱脂奶粉和干酪乳
1983	6 915 950	249 800	114 390	4 166	117 790	188 637
1984	7 624 250	281 800	109 255	3 833	125 394	247 719
1985	7 884 000	277 500	127 300	3 000	137 570	245 600
1986	8 235 000	291 700	113 300	3 100	170 240	214 601
1987	7 292 000	240 900	138 400	3 700	170 000	172 400
1988	7 751 000	243 800	127 900	3 794	184 012	198 133
1989	7 252 000	226 000	128 000	1 387	201 000	178 379
1990	7 509 000	257 842	118 109	1 300	173 661	211 044
1991	7 871 000	250 881	124 773	1 300	251 477	171 909
1992	8 050 000	261 653	137 405	1 300	274 668	159 439
1993	9 003 000	252 267	144 521	1 300	307 957	150 041
1994	9 812 000	272 086	193 348	1 350	332 773	167 524
1995	9 285 000	265 333	197 370	1 350	341 894	171 005
1996	10 010 000	297 369	229 086	1 300	333 176	202 133
1997	11 058 000	350 887	253 638	1 400	374 016	224 977
1998	11 380 000	343 658	265 635	2 000	396 393	215 343
1999	10 881 400	317 475	238 535	6 340	382 013	202 982
2000	12 235 400	343 831	296 745	2 000	448 717	218 395
2001	13 119 400	391 135	280 615	2 000	515 695	291 077
2002	13 865 900	414 550	307 000	2 000	540 000	419 000
2003	14 349 000	462 000	275 000	2 000	619 000	327 000
2004	15 030 000	473 000	305 000	2 000	628 000	339 000
2005	14 637 900	379 000	297 000	2 000	585 000	268 000
2006	15 172 500	341 000	292 000	1 500	611 000	265 000
2007	15 618 300	357 000	308 000	1 500	653 000	255 000
2008	15 216 800	356 000	250 000	1 600	671 000	270 000
2009	15 667 400	376 000	305 000	1 700	712 000	468 000
2010	17 010 500	385 000	311 200	1 700	712 000	468 000
2011	17 339 000	385 000	311 200	1 700	768 000	468 000

续附表 2

年份	鲜奶	奶油	奶酪	炼乳	全脂奶粉	脱脂奶粉和干酪乳
2012	19 129 000	492 000	275 000	1 700	930 000	391 000
2013	18 883 000	509 000	275 000	1 700	930 000	391 000
2014	21 893 000	580 000	325 000	NA	1 460 000	415 000
2015	21 391 000	570 000	347 000	NA	1 375 000	370 000

附表 3　新西兰主要乳制品进出口贸易量　t

年份	进口量					出口量				
	奶油	干酪	鲜乳	脱脂奶粉	全脂奶粉	奶油	干酪	鲜乳	脱脂奶粉	全脂奶粉
1983	6 867	385	0	1	188	227 765	72 715	9 468	144 183	100 449
1984	113	478	0	17	14	190 527	92 018	10 406	157 988	105 646
1985	13	539	0	1	2	216 944	81 756	9 746	168 247	108 697
1986	3	608	0	1	1	217 765	87 618	8 766	157 404	154 151
1987	6	1 256	0	179	144	220 487	94 004	10 550	155 694	163 947
1988	9	585	0	40	530	216 294	104 886	7 461	152 437	158 171
1989	51	336	1	3	245	225 509	87 855	3 548	134 117	178 893
1990	111	425	1	5	89	217 271	85 669	1 907	153 416	134 457
1991	14	372	0	36	2 209	176 148	97 010	1 689	148 781	230 866
1992	2	451	34	3	1 113	212 734	101 274	3 186	137 587	258 639
1993	4	458	0	72	87	221 260	114 371	4 518	96 172	261 594
1994	14	802	92	90	332	256 368	129 341	5 286	133 707	306 443
1995	15	1 523	256	184	176	234 345	160 180	7 386	138 372	318 045
1996	46	1 780	549	443	291	237 691	159 927	15 623	127 150	278 132
1997	743	1 358	393	83	807	315 379	220 762	34 199	183 096	347 221
1998	822	2 027	629	230	1 544	315 850	218 009	39 627	165 907	357 643
1999	500	1 793	605	1 455	849	298 034	236 317	41 846	179 116	389 536
2000	652	1 974	854	704	1 507	358 528	237 577	42 434	165 933	425 673
2001	252	1 067	830	571	1 013	292 345	260 921	45 030	218 182	502 240

续附表 3

年份	进口量					出口量				
	奶油	干酪	鲜乳	脱脂奶粉	全脂奶粉	奶油	干酪	鲜乳	脱脂奶粉	全脂奶粉
2002	1 260	1 512	540	422	2 122	386 573	260 099	51 852	315 521	528 980
2003	397	1 883	465	656	1 791	364 340	265 105	39 729	287 265	637 601
2004	308	2 004	693	1 102	803	329 882	255 075	56 510	249 557	629 130
2005	2 236	3 930	1 422	610	685	319 715	235 583	51 290	220 939	585 473
2006	524	2 994	1 050	630	1 653	391 028	272 949	52 531	315 542	644 578
2007	1 989	4 734	639	1 117	715	363 866	288 401	64 332	280 840	679 695
2008	618	3 555	603	861	1 116	299 778	214 245	72 285	221 518	547 858
2009	834	5 314	536	3 986	529	451 179	270 591	69 873	407 993	818 080
2010	803	4 455	568	3 238	2 027	416 146	256 774	104 839	348 925	964 867
2011	584	2 711	373	2 177	274	280 409	174 383	64 156	246 113	766 902
2012	463	4 105	485	5 486	1 083	463 078	285 283	87 074	389 624	1 261 278
2013	830	4 318	608	2 330	1 332	461 146	255 602	89 880	391 969	1 291 460
2014	1 000	7 000	2 000	4 000	1 000	560 000	278 000	136 000	383 000	1 423 000
2015	1 000	8 000	2 000	5 000	6 000	530 000	325 000	165 000	410 000	1 360 000

附表 4　新西兰主要乳制品进出口贸易额

$\times 10^3$ 美元

年份	进口额					出口额				
	奶油	干酪	鲜乳	脱脂奶粉	全脂奶粉	奶油	干酪	鲜乳	脱脂奶粉	全脂奶粉
1983	10 811	1 549	0	2	333	462 333	129 488	9 491	134 459	142 946
1984	152	1 844	0	30	36	368 383	144 223	9 537	120 612	124 057
1985	15	1 807	0	1	5	305 527	115 304	6 607	117 807	112 318
1986	6	2 087	0	6	2	290 949	137 135	6 166	112 301	164 486
1987	14	3 275	0	193	166	273 420	136 707	8 179	118 573	179 288
1988	18	2 837	0	26	511	334 368	176 308	4 391	158 085	199 023
1989	76	1 718	3	16	257	380 980	185 972	1 687	229 877	305 731
1990	212	2 302	5	14	105	416 927	187 724	939	284 983	260 470

续附表 4

年份	进口额					出口额				
	奶油	干酪	鲜乳	脱脂奶粉	全脂奶粉	奶油	干酪	鲜乳	脱脂奶粉	全脂奶粉
1991	34	2 222	0	48	3 384	323 724	198 431	1 034	219 357	399 815
1992	9	1 987	31	8	2 817	389 404	213 095	2 032	212 641	435 101
1993	14	2 110	1	133	219	423 743	246 774	2 925	179 468	494 897
1994	89	2 710	98	174	721	469 569	274 371	3 580	224 093	546 694
1995	102	5 496	296	349	412	459 518	357 864	5 215	251 009	572 950
1996	260	7 621	684	1 011	543	574 735	375 960	9 397	284 376	629 600
1997	1 591	5 970	479	284	1 454	638 589	538 461	20 043	379 897	730 813
1998	1 276	7 055	607	535	1 932	549 447	441 252	20 849	260 447	599 938
1999	1 004	5 233	261	1 678	1 051	423 775	465 996	20 721	248 874	572 174
2000	1 139	5 324	328	951	1 762	514 696	459 023	19 446	276 753	729 089
2001	496	3 668	445	732	2 165	436 802	565 715	22 081	465 665	1 019 170
2002	2 409	5 278	416	822	3 734	488 130	507 182	27 648	445 897	812 409
2003	1 069	6 990	431	803	2 816	549 786	516 848	23 149	462 365	1 062 140
2004	1 049	8 398	683	1 216	1 559	637 137	631 963	36 479	473 345	1 248 730
2005	5 166	16 141	1 281	1 447	2 421	661 388	675 300	35 560	476 828	1 299 370
2006	1 672	14 169	1 154	1 807	5 610	700 885	728 657	36 781	658 893	1 406 010
2007	6 019	24 621	911	3 919	3 124	879 664	893 238	48 501	948 154	2 047 040
2008	2 467	22 941	900	3 482	7 264	1 108 500	976 257	61 509	811 135	2 368 820
2009	3 006	27 280	733	8 510	2 425	958 541	796 766	52 141	836 398	1 892 840
2010	3 700	24 501	894	10 333	8 523	1 567 891	955 905	79 917	1 038 142	3 119 058
2011	3 153	21 050	700	7 525	1 788	1 397 339	730 734	61 453	858 869	2 947 404
2012	3 189	30 217	968	19 145	8 364	1 614 763	1 089 259	86 396	1 260 509	4 295 314
2013	4 834	31 165	1 156	10 993	10 775	1 823 641	1 060 891	92 036	1 621 755	5 515 983

附表 5　2015 年度有关农产品适用协定税率进口数量和 2016 年度进口触发水平数量情况表

分类	税号	产品描述	2015 年度适用协定税率进口数量 /t			2016 年度适用协定税率可进口数量 /t	
			本年度触发水平数量	累计进口数量	以在途方式进口数量	本年度触发水平数量	本年度实际可进口的触发水平数量
一	04012000	脂肪含量＞1% 但≤6% 未浓缩及未加糖的乳及奶油	1829	3956.405	2127.405	1921	0
	04014000	6%＜脂肪含量≤10% 未浓缩及未加糖的乳及奶油					
	04015000	脂肪含量＞10% 未浓缩及未加糖的乳及奶油					
二	04021000	脂肪含量≤1.5% 固状乳及奶油	133675	159066.061	25391.061	140358	114966.939
	04022100	脂肪含量＞1.5% 未加糖固状乳及奶油					
	04022900	脂肪含量＞1.5% 加糖固状乳及奶油					
	04029100	浓缩但未加糖的非固状乳及奶油					
三	04051000	黄油	13227	21676.201	8449.201	13888	5438.799
	04059000	其他从乳中提取的脂和油					
四	04061000	鲜乳酪（未熟化或未固化的）	5066	7781.147	2715.147	5319	2603.853
	04063000	经加工的乳酪，但磨碎或粉化的除外					
	04069000	其他乳酪					

注：1. 数据引自食品伙伴网 http://www.foodmate.net/law/chukou/188111.html；2. 协定指《中华人民共和国政府和新西兰政府自由贸易协定》；3. 2015 年

度适用协定税率累计进口数量 =2015 年度适用协定税率实际进口数量 +2014 年度以在途方式进口数量；4. 2015 年度以在途方式进口数量 =2015 年度适用协定税率累计进口数量－ 2015 年度触发水平数量；5. 2016 年度实际可进口的触发水平数量 =2016 年度协定所规定年度触发水平数量－ 2015 年度以在途方式进口数量。

（王雅晶 李胜利 夏建民 姚 琨 王斐然）

参考文献

[1] Dairy NZ: http://www.dairynz.co.nz/.

[2] FAO: http://www.faostat3.fao.org.

[3] http://www.foodmate.net/.

[4] http://www.dac.org.cn/.

[5] IndexMundi: http://www.indexmundi.com/.

[6] LIC. http://www.lic.co.nz/.

[7] MPI: http://www.mpi.govt.nz/.

[8] 李胜利，王锋 . 世界奶业发展报告 [M]. 北京：中国农业大学出版社，2014.

2015年
荷兰奶业发展报告

荷兰标志性写照为风车、草地以及点缀其中的奶牛。被称为“牧场之国”的荷兰，有 60% 的农业用地用于发展奶牛养殖业，2015 年全国成母牛存栏 171.7 万头奶牛，年产优质生鲜乳 1 332.60 万 t，奶牛养殖业总产值 51 亿欧元，占国内农业总产值的 18%，对国民经济贡献率为 1.2%。

按人均生鲜乳生产量计算，荷兰（751 kg/ 人）仅次于新西兰、爱尔兰和丹麦，处于欧洲第三、世界第四的水平。荷兰本国生产的生鲜乳仅 35% 在国内被消费，其余 65% 全部出口销售。

一 奶牛养殖业

（一）养殖由小型家庭农场向规模化家庭农场转变

荷兰的奶牛养殖业是一种以家庭农场为基本单位的现代奶业生产体系。随着奶牛养殖业的机械化、自动化水平不断提升，奶牛养殖工作对劳动力的依赖程度越来越低，加之劳动力成本越来越高，荷兰的家庭农场的养殖规模也逐年提高。2000 年至今，荷兰奶牛牧场养殖规模和土地面积不断提高，牧场数量逐年减少。截至 2015 年，荷兰奶牛牧场的数量已由 2000 年的 2.95 万个下降至 1.83 万个，成母牛平均存栏规模由 51.04 头提高至 88.79 头，牧场平均可用土地面积由 42.40 hm^2 提高至 67.91 hm^2，泌乳牛饲养密度约为 1.31 头 /hm^2（图 1）。

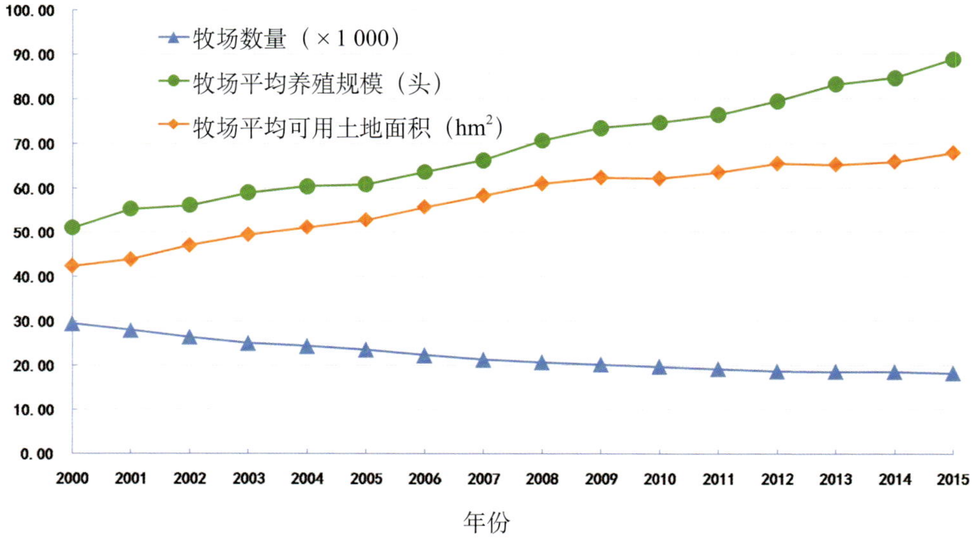

图 1 荷兰奶牛牧场数量和养殖规模变化

资料来源：荷兰国家统计局网站 cbs.nl。

按照荷兰对家庭农村规模的分类标准，成母牛饲养规模小于 30 头的为小规模农场，30 ～ 70 头的为中等规模农场，70 头规模以上的为大规模农场。2000 年来，荷兰奶牛养殖专业化和机械化水平不断提升带动了牛场养殖规模的扩大，70 头以上的大规模家庭农场成为主流。

（二）生鲜乳总产量稳步上升

随着奶牛养殖业的专业化、机械化、集约化发展，荷兰奶牛产奶能力在过去多年来保持稳步增长。截至2015年，荷兰泌乳牛平均年单产已经达到7.76 t，比2010年的7.47 t的水平增长了3.92%（图2），比1961年的4.22 t的水平增长了84%。

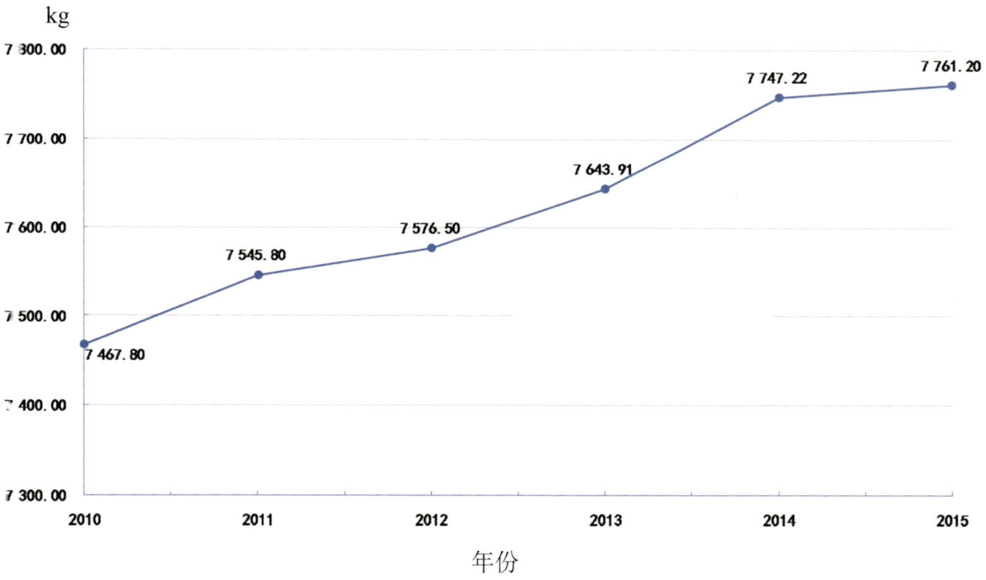

图2 荷兰泌乳牛单产变化

资料来源：荷兰国家统计局网站cbs.nl。

2015年4月1日，欧洲实施了长达31年的牛奶生产配额政策正式取消。当时的行业分析认为，在该政策的取消和亚洲、非洲等发展中地区的乳制品急剧增加的背景下，欧洲的奶牛养殖和生鲜乳生产将开始新一轮的上升。而荷兰的奶牛养殖业则早在2013年前后就开始逐年小幅上涨，这一方面是由于荷兰在欧盟地区以外的乳品出口市场急剧扩大，对生鲜乳的供应要求增加；另一方面是由于2014年以前全球市场对乳制品需求量和价格逐步上涨，奶牛养殖业盈利较好。2015 年荷兰全国泌乳牛存栏量达到 171.7 万头，较 2012 年同期增长了 11.4%，生鲜乳产量也由 2012 年的 1 167.54 万 t 提高至 2015 年的 1 332.60 万 t，增长了 14.14%（图 3）。荷兰也为此付出了高昂的代价：2013/2014 配额年度和 2014/2015 配额年度的超额罚款分别超过了 8 亿欧元和 10 亿欧元。

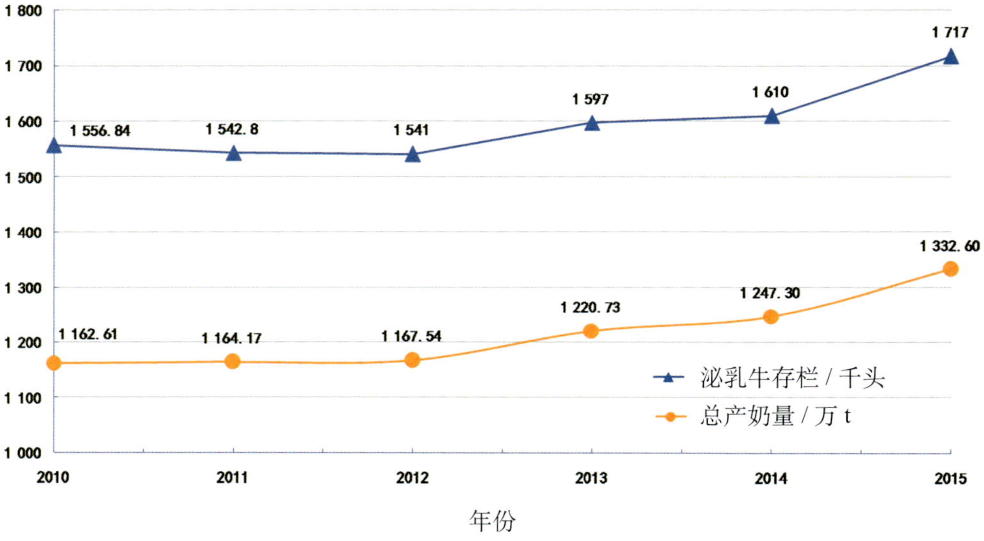

图 3 荷兰泌乳牛存栏量和生鲜乳产量变化

资料来源：荷兰国家统计局网站 cbs.nl。

（三）生鲜乳价格、成本和效益

根据荷兰本土生鲜乳收购量占 80% 以上的荷兰皇家菲仕兰公司（Royal FrieslandCampina）每月公布的生鲜乳收购基础价格（guarantee price）显示，2014 年 1 月份至 2016 年 5 月份，荷兰生鲜乳收购价格由 43 欧元 /100 kg 持续下滑至 25 欧元 /100 kg（图 4），跌幅达到41.86%。

同时，根据当地牧场调研反馈，2014年生鲜乳生产成本约为29.95欧元/100 kg，到2015年末，尽管大部分牧场采取多方面举措降低饲养成本，但由于在此期间欧元汇率大幅度缩水，生鲜乳生产成本仍普遍高于30欧元/100 kg，牧场呈现入不敷出的状态，奶牛养殖业面临严峻的考验。

更值得忧虑的是，2015年欧盟取消牛奶生产配额政策后，荷兰很多牧场仍在不断扩大生产规模，收购土地，投资建设牛舍，购置养殖设备。

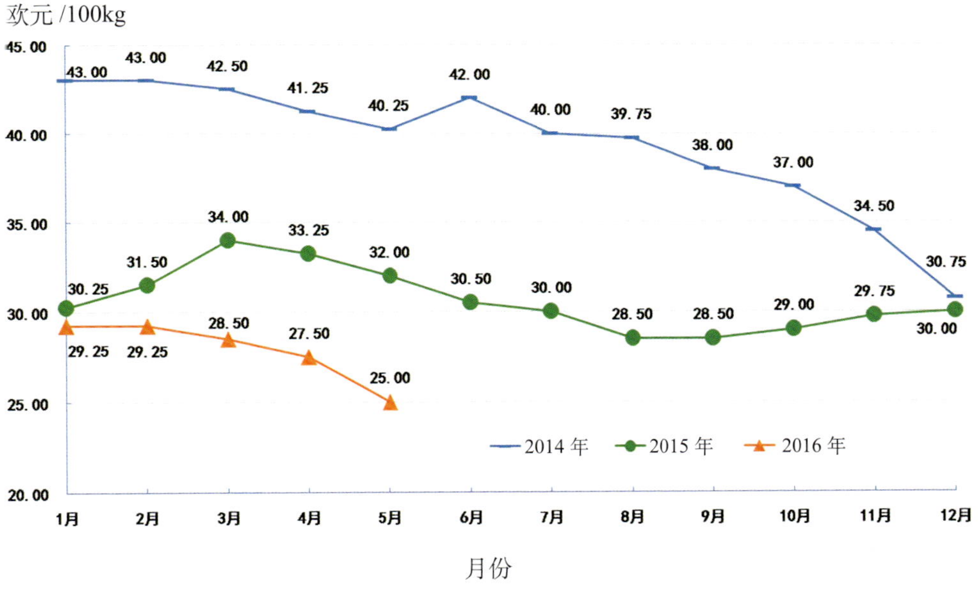

图4 荷兰生鲜乳收购价格变化

资料来源：荷兰皇家菲仕兰公司 www.frieslandcampina.com。

（四）生鲜乳质量

由于荷兰生产的生鲜乳主要用于加工奶酪、奶粉等干乳制品，因此奶牛的选种选育过程中更加重视乳成分的育种指标。近20年来，荷兰生鲜乳的乳脂率和蛋白率始终保持较高水平（图 5），1995 年至今的平均乳脂率达到 4.4%，平均乳蛋白率达到 3.49%。

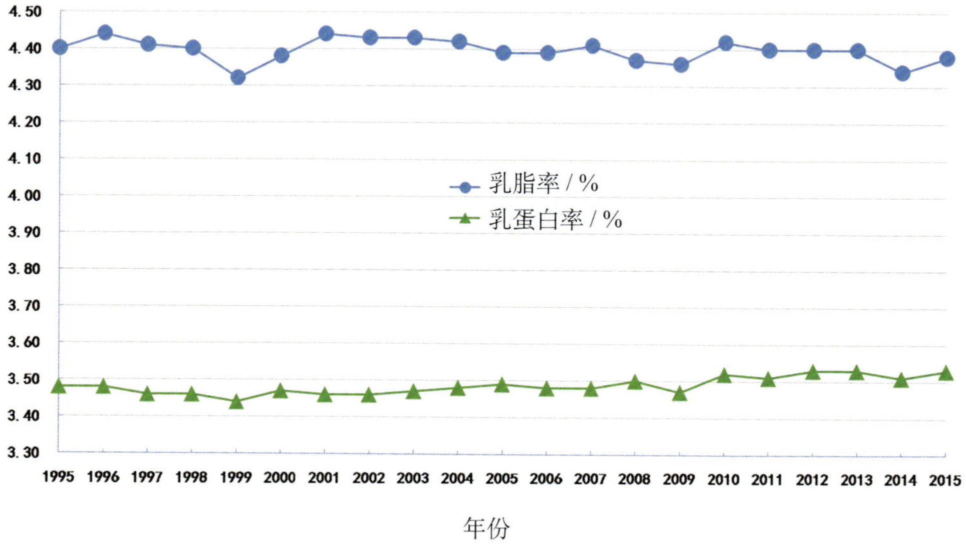

图 5 荷兰生鲜乳乳脂率和乳蛋白率变化

资料来源：荷兰国家统计局网站 cbs.nl; ZuivelNL。

二 乳制品加工及产量

（一）乳品企业的数量和分布

荷兰的乳品加工业走过了一条由小到大、由分散到集中的发展历程。20 世纪 60 年代，荷兰有大大小小乳品企业 600 多家，到 1998 年则只有 19 家乳品企业，73 个乳品加工厂。到 1999 年荷兰乳制品业进一步整合，共有 14 家乳品加工和销售企业，乳品加工厂 67 个。其中，最大的 3 家乳品公司为 Friesland Coberco、Campina Melkunie 和 Wessanen（Leerdammer），总计拥有加工厂 50 座，销售总额 82.53

亿欧元。2008 年，Friesland Coberco 和 Campina Melkunie 合并成立荷兰皇家菲仕兰公司（Royal FrieslandCampina B.V.），目前年销售额列全球第 6 名。

截至 2014 年 12 月 31 日，荷兰全国年加工生鲜乳千吨以上的乳品企业 23 家，荷兰国内生鲜乳总量的 95% 在这些企业下设的 53 个乳制品加工厂被加工销售（表 1）。在上述 53 个乳制品加工厂中，23 个加工厂隶属于荷兰皇家菲仕兰公司（Royal FrieslandCampina B.V.），呈现出一家独大的垄断特征。这些乳制品加工厂主要布局在奶牛养殖密集度大的地区。

表 1　荷兰乳品企业名称及拥有工厂数量列表（2014 年）

乳品公司名称	加工厂数量	乳制品公司名称	加工厂数量
FrieslandCampina	23	Den Eelder - Well	1
Ausnutria Hyproca	2	DVNutrition - Hoogeveen	1
A-ware	2	Farm Dairy - Lelystad	1
Bel Leerdammer	2	Globemilk - Boxmeer	1
DOC Kaas	2	Hochwald - Bolsward	1
Henri Willig	2	Nestlé - Nunspeet	1
Nutricia	2	Kaasmakerij Özgazi - Etten-Leur	1
Rouveen Kaasspecialiteiten	2	Sloten - Sloten	1
VreugdenhilDairy Foods	2	Vecozuivel - Zeewolde	1
Arla Foods - Nijkerk	1	VIV Buisman - Zelhem	1
CONO Kaasmakers - Beemster	1	Zuivelhoeve - Hengelo	1
Delta Milk - Bleskensgraaf	1		
合计	53		

资料来源：Dutch Dairy in Figures 2014, ZuivelNL。

（二）乳制品加工情况

荷兰的生鲜乳 1/2 以上用于加工奶酪，奶粉、液态奶和炼乳所占比重也较大。2014 年国内生鲜乳加工利用情况见图 6。

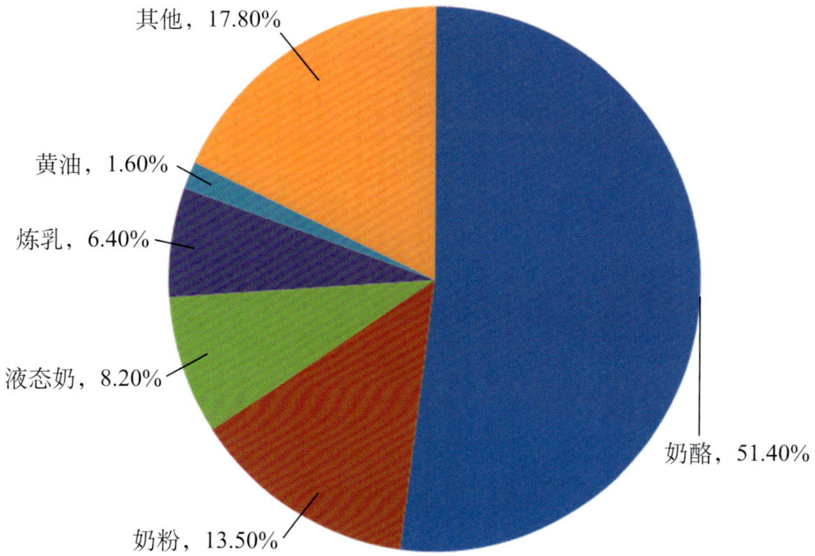

图 6 2014 年荷兰生鲜乳加工利用情况

资料来源：Dutch Dairy in Figures 2014, ZuivelNL。

由图 7 可见，2000 年以后，荷兰除液态奶以外的干乳制品产量的排名依次为奶酪、炼乳、奶粉和黄油，且均有一定的涨幅。其中，奶酪和炼乳基本保持稳步增长的态势，奶粉和黄油产量有所波动，但整体上涨情况较好。2015 年奶酪产量为 84.66 万 t，比 2000 年产量 68.36 万 t 增长约 23.84%，年平均增长约 1.59%；2015 年炼乳产量为 40 万 t，比 2000 年产量 27.35 万 t 增长 46.25%，年平均增长 3.08%。2011 年黄油产量为 40 万 t，比 2000 年产量 27.35 万 t 增长 30.7%，年平均增长2.8%；2015年奶粉产量为20.79万t，比2000年产量16.60万t增长25.24%，年平均增长1.68%；2015年黄油产量为15万t，比2000年产量12.62万t增长18.86%，年平均增长1.26%。

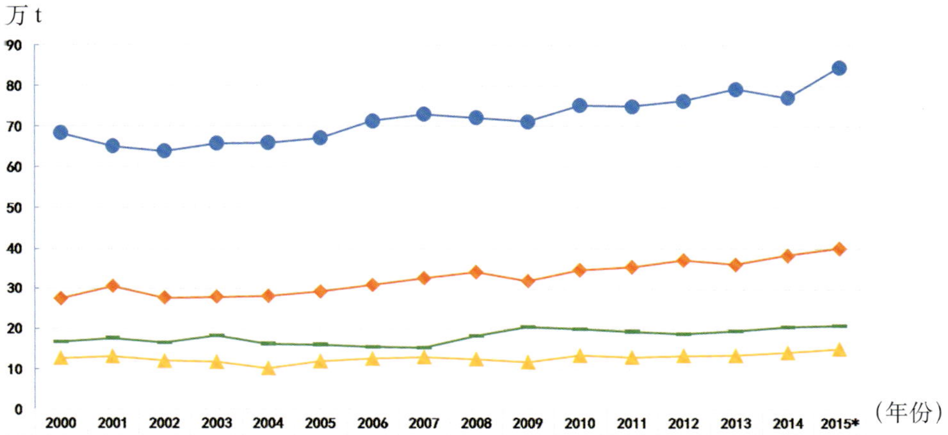

	2000	2001	2002	2003	2004	2005	2006	2007	2008	2009	2010	2011	2012	2013	2014	2015*
奶酪	68.36	65.18	63.9	65.79	65.93	67.22	71.4	73.033	72.169	71.209	75.263	74.967	76.416	79.351	77.194	84.657
奶粉	16.6	17.59	16.53	18.22	16.2	16.04	15.45	15.270	18.217	20.414	19.908	19.317	18.696	19.365	20.476	20.787
炼乳	27.35	30.45	27.58	27.77	28.01	29.18	30.89	32.673	34.189	31.976	34.728	35.442	37.127	36.035	38.219	39.996
黄油	12.62	13.04	11.94	11.64	10.1	11.88	12.51	12.92	12.431	11.718	13.341	12.898	13.328	13.345	14.052	15.000

图7 1961—2015年荷兰各类乳制品产量变化

资料来源：荷兰国家统计局网站cbs.nl，*2015年数据为官方估算值。

三 乳制品贸易

（一）乳制品贸易量和贸易额变化情况

近50年来，荷兰乳制品贸易具有较强的市场竞争力，凭借其优良的生产技术、高质量标准，以及悠久的贸易历史，在国际奶业市场中占据重要的地位。从1961年至今，荷兰一直是一个乳制品净出口国家，且出口贸易总额多年来一直保持领先，2014年荷兰乳制品出口贸易量占全球贸易总量的4.7%，处于世界第四的水平，仅次于新西兰、美国和澳大利亚（图8）。

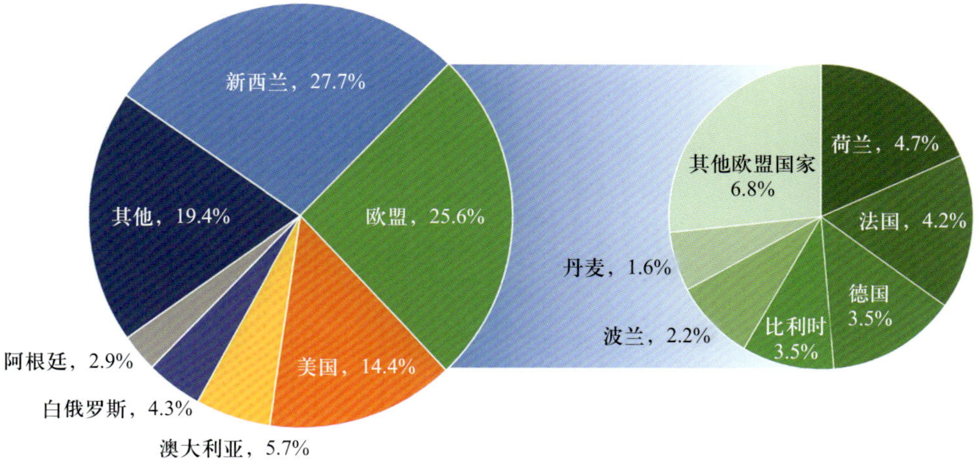

图 8 荷兰在全球乳制品出口贸易中的地位（2014）

资料来源：Dutch Dairy in Figures 2014, ZeivelNL。

根据 FAO 统计数据显示，2013 年，荷兰奶业出口数量较 2012 年同比有所下降，但由于乳制品价格的提高，出口数额相比 2013 年有所提高。出口量方面，奶酪、黄油、液态奶均有所下降，奶粉的出口有所提高。根据荷兰奶业协会组织 ZuivelNL 及荷兰国家统计局 CBS 公布的统计数据，2014 年荷兰出口总额 4 325 亿欧元，其中乳制品出口 72 亿欧元，进口 26 亿欧元，顺差总额 46 亿欧元，对荷兰贸易顺差贡献率达到 9%。

由图 9、图 10 可见，1985 年以后，荷兰乳制品进口量与出口量之间的差距显著降低，近 10 年这一差值维持在一个相对稳定的水平，显著低于 1985 年以前的水平；而进口额与出口额之间的差值，却持续扩大，贸易顺差稳步提升。这说明荷兰出口乳制品的附加值远大于进口乳制品，并且差距还在持续扩大。

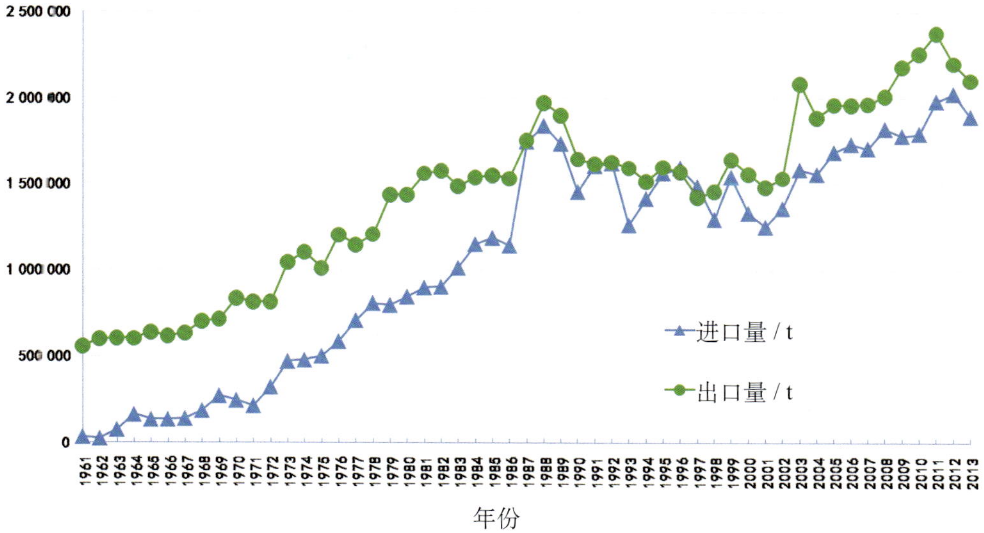

图 9 荷兰乳制品进出口量变化情况（1961—2013 年）

资料来源：FAO。

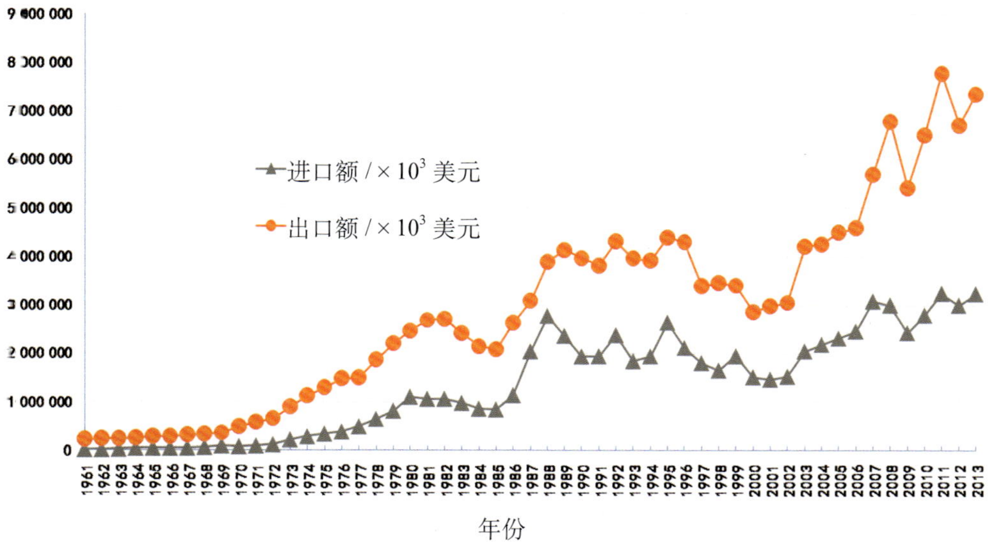

图 10 荷兰乳制品进出口额变化情况（1961—2013 年）

资料来源：FAO。

（二）主要乳制品的贸易量和贸易额变化特点

随着欧盟牛奶生产配额政策的实施，荷兰在奶源供应量有限的情况下，牺牲了黄油、奶粉、炼乳等产品的生产，大部分奶源用于生产销量最稳定、盈利最好的奶酪及其副产品。这种变化也反映在了乳制品的贸易变化上。分析不同类型的乳制品 50 余年来的进出口贸易变化情况，呈现出以下特征：

首先，奶酪及乳清粉贸易始终保持稳定的增长。

荷兰有多种优质、美味的奶酪品种畅销全球，如高达（Gouda）、艾顿（Edam）、玛士达（Maasdam）、美莫勒（Mimolette）等。自 1961 年以来，荷兰奶酪的生产和进出口贸易均保持稳定良好的增长（图 11、图 12），贸易顺差不断扩大。2013 年荷兰奶酪（不含再制奶酪）出口额达到 36.60 亿美元，占乳制品出口总额的 49.83%，贸易顺差达到 26.73 亿美元，是荷兰出口创汇最高的乳制品。

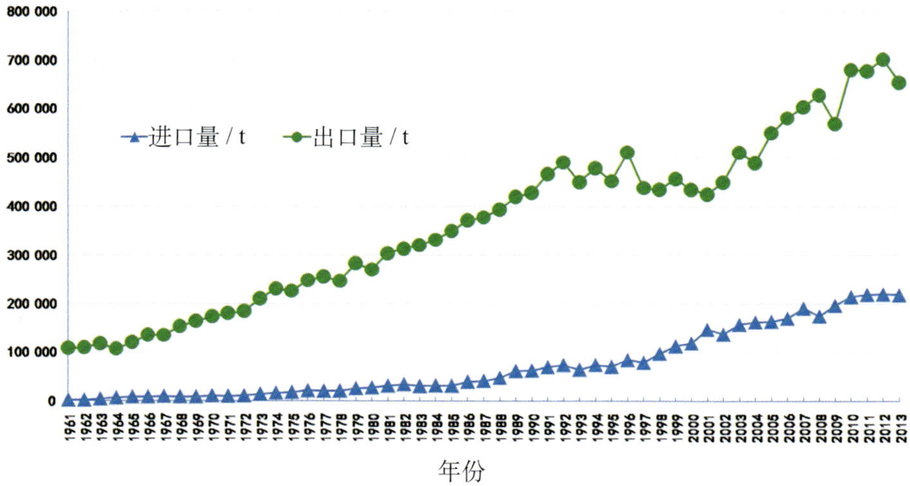

图 11 荷兰奶酪进出口量变化情况（1961—2013 年）

资料来源：FAO。

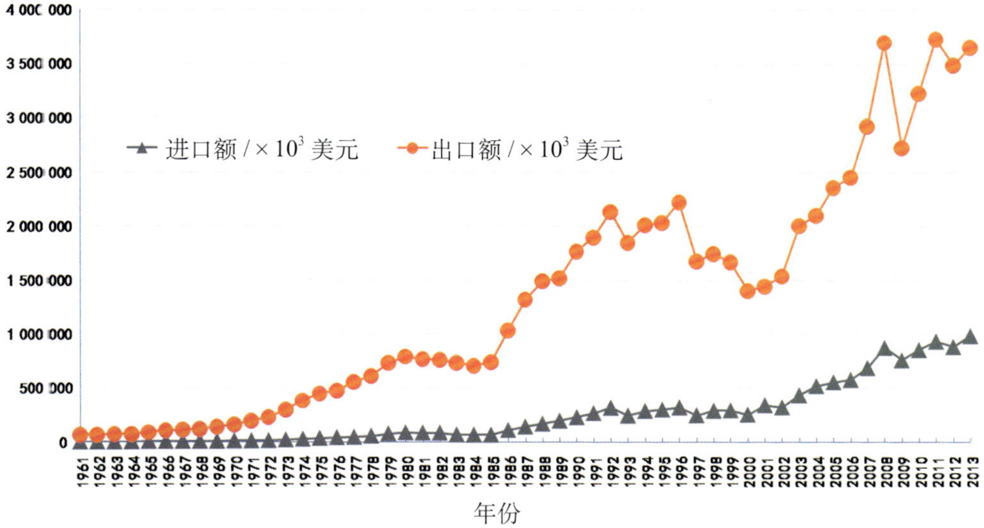

图 12 荷兰奶酪进出口额变化情况（1961—2013 年）

资料来源：FAO。

乳清粉作为奶酪的副产品，随着奶酪生产的增长，在荷兰乳制品贸易市场中也保持持续增长的态势（图 13、图 14），但自 1973 年以后，乳清粉的出口量和出口额均低于进口量和进口额，且贸易逆差持续扩大。造成贸易逆差的主要原因是乳清粉作为婴儿食品的重要原材料，应用于荷兰婴儿奶粉等婴儿食品的生产，但荷兰本国的乳清粉供应量并不能满足婴儿食品贸易的需求，因此需要从周边国家大量进口乳清粉来维持生产。FAO 的统计数据显示，荷兰婴儿食品的出口贸易发展良好，尤其在过去的 10 年中上升极快，2013 年荷兰婴儿食品出口额为 17.30 亿美元，同期进口额仅为 0.86 亿美元，贸易顺差高达 16.44 亿美元。

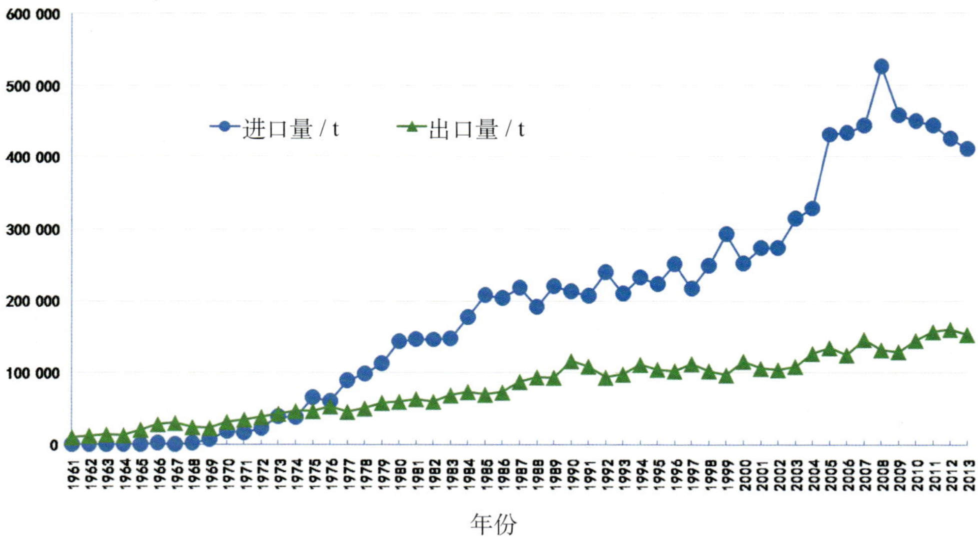

图 13 荷兰乳清粉进出口量变化情况（1961—2013 年）

资料来源：FAO。

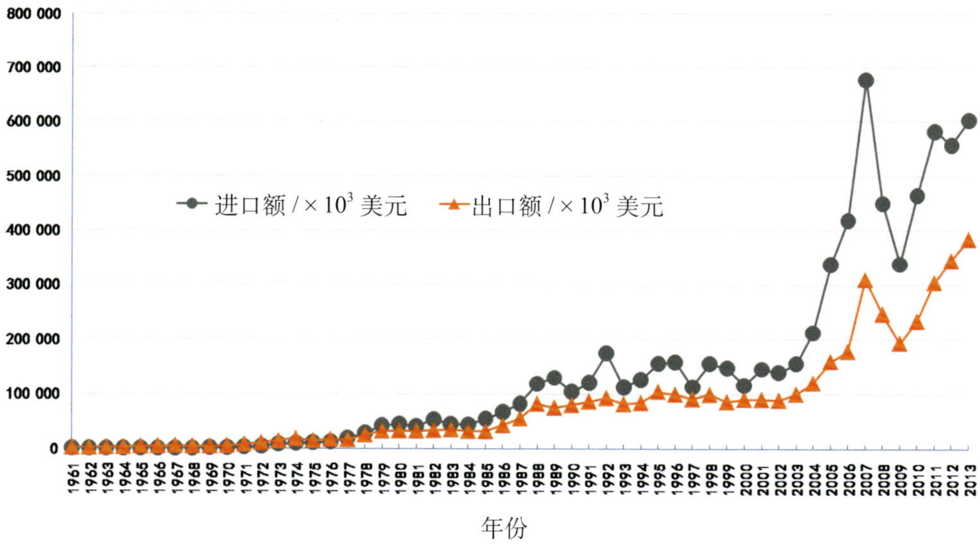

图 14 荷兰乳清粉进出口额变化情况（1961—2013 年）

资料来源：FAO。

其次，黄油、炼乳和奶粉等干乳制品贸易量在多重因素的影响下，快速上升到峰值后下滑，但贸易额总体在波动中上扬。从图 15 中可以看出，黄油、炼乳、奶粉这 3 种主要干乳制品的贸易量在 20 世纪 80 年代中旬到达顶峰后下滑。1984 年欧洲实施的牛奶生产配额政策对这一现象的贡献极大，在有限的生鲜乳供应的条件下，荷兰为了保证利益最大的奶酪生产和销售而减少其他干乳制品的生产。此外，雀巢、达能等国际乳企对上述产品市场的竞争、居民饮食结构的调整也对上述产品的贸易产生较大的影响。但上述产品的贸易额在过去的 50 余年中，还是在波动中逐步上扬。

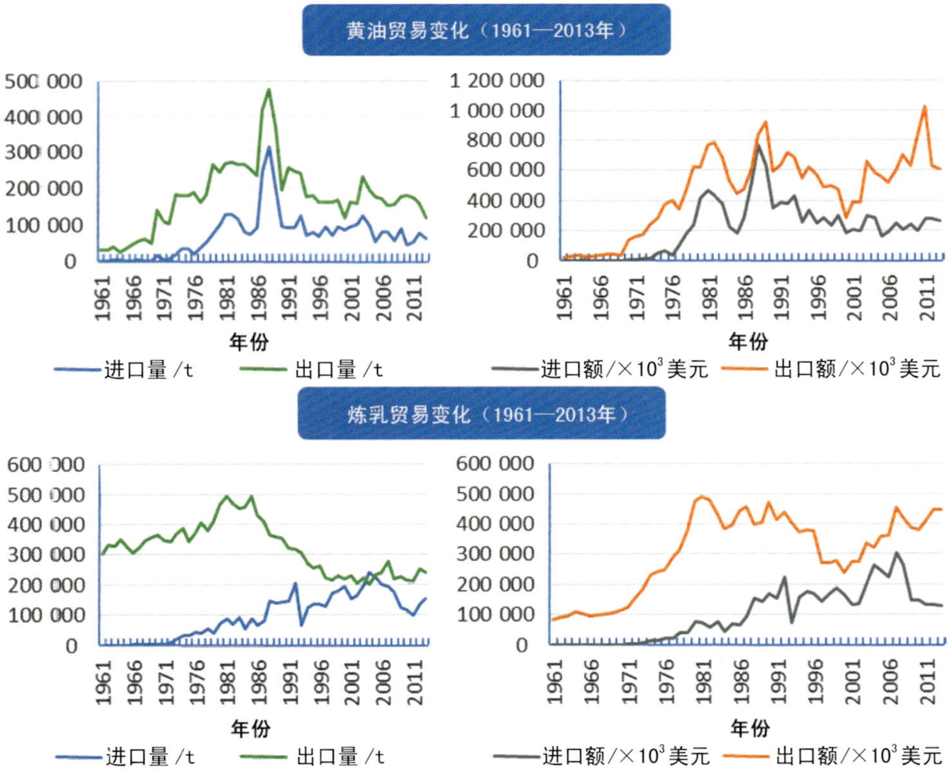

图 15 荷兰黄油、炼乳和奶粉进出口贸易情况（1961—2013 年）

资料来源：FAO。

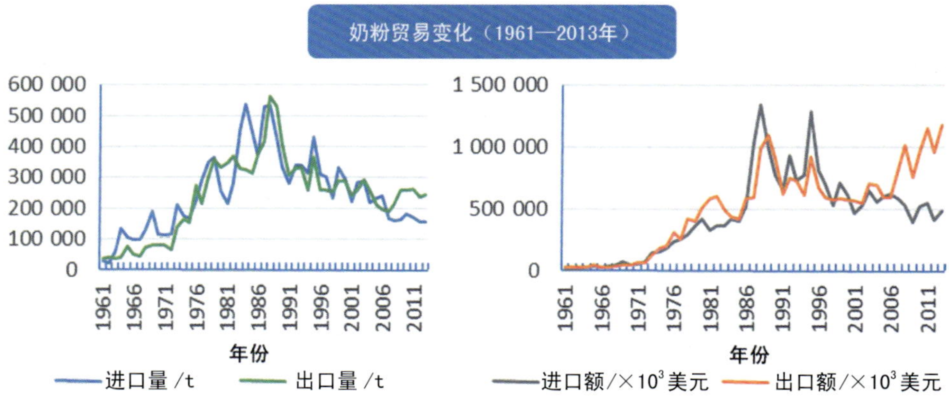

图 15（续）

（三）主要贸易地区 / 国家和贸易量的变化情况

在乳制品出口贸易方面，荷兰乳制品主要出口到欧盟地区和第三世界国家，其中欧盟地区的出口额占出口总额的 2/3。在欧盟的主要出口国中，与荷兰临近的德国、比利时和法国是 3 个荷兰乳制品消费最高的国家，出口量占荷兰出口欧盟总量的 70%；在第三世界国家中，2013 年，俄罗斯是荷兰最大的出口对象，中国位列第二，但由于欧盟对俄罗斯的制裁等政治因素影响，2014 年俄罗斯市场大幅度萎缩，中国成为荷兰最大的出口对象，且出口额增长较快（表 2）。

表 2　荷兰乳制品出口地区及出口额（2013—2014 年）

项目	2013 年		2014 年		同比增长	
	销售额 / 亿欧元	%	销售额 / 亿欧元	%	销售额 / 亿欧元	%
总计	67	—	72	—	5	—
欧盟	45	—	50	—	5	—
德国	15.75	35	18	36	2.25	1
比利时	8.55	19	10	20	1.45	1

续表 2

项目	2013 年		2014 年		同比增长	
	销售额/亿欧元	%	销售额/亿欧元	%	销售额/亿欧元	%
法国	6.75	15	7	14	0.25	−1
英国	2.7	6	2	4	−0.7	−2
意大利	2.25	5	3	6	0.75	1
西班牙	1.8	4	2.5	5	0.7	1
希腊	1.8	4	2	4	0.2	0
瑞典	1.35	3	1.5	3	0.15	0
欧盟其他国家	4.05	9	4.5	9	0.45	0
欧盟以外国家	22	—	22	—	0	—
俄罗斯	2.64	12	1.1	5	−1.54	−7
中国（包括香港）	2.42	11	2.64	12	0.22	1
尼日利亚	1.54	7	1.54	7	0	0
沙特阿拉伯	1.1	5	1.54	7	0.44	2
阿联酋	1.1	5	1.1	5	0	0
科威特	0.88	4	0.66	3	−0.22	−1
印度尼西亚	0.88	4	—	—	—	—
韩国	0.88	4	1.1	5	0.22	1
美国	0.66	3	0.88	4	0.22	1
阿尔及利亚	—	—	0.88	4	—	—
其他欧盟以外国家	10.12	46	10.34	47	0.22	1

资料来源：Dutch Dairy in Figures 2014, ZeivelNL。

荷兰一方面是乳制品出口大国，同时也是乳制品的主要进口国。荷兰作为欧洲的重要贸易中心，许多进口产品都可通过荷兰转口进而运到其他地方，这使荷兰成为乳制品进入西欧和世界市场的跳板。此外，荷兰本土的生鲜乳供应并不能完全满足其在国际贸易方面的需求，荷兰皇家菲仕兰公司等大型乳品企业均在临近的德国、比利时、法国等国家拥有会员牧场和乳品加工厂，向荷兰输送生鲜乳和乳制品。在荷兰的乳制品进口国家中，邻国德国一直是荷兰最大的乳制品进口国，2014 年德国向荷兰输出的乳制品总量占荷兰乳制品进口总量的 44%，比利时和法国次之，分别占进口总量的 14% 和 11%（图 16）。

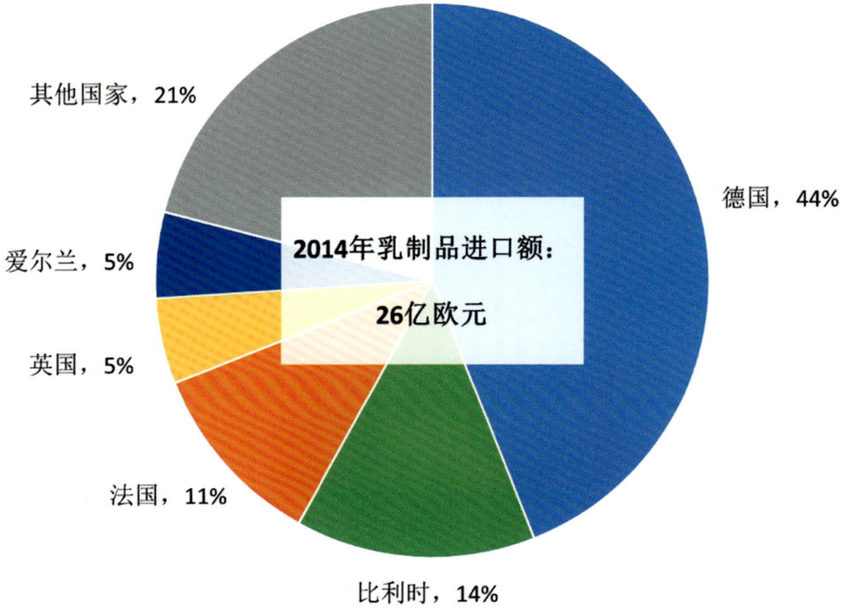

图 16 2014 年荷兰乳制品进口地区及进口比例

资料来源：Dutch Dairy in Figures 2014, ZeivelNL。

四 政策和奶业科技进展

（一）政策导向

2015 年 4 月 1 日，欧洲实施了长达 31 年的牛奶生产配额政策正式取消，以荷兰为代表的欧洲生鲜乳产量显著上升。

配额政策的取消，随之带来的是欧盟生鲜乳生产量增加与全球生鲜乳价格持续下滑之间的矛盾。为了防止这一矛盾的深化，尽可能保障奶农的利益，2015 年 11 月 11 日，欧洲奶业董事会（European Milk Board）发布并实施了新形势下的奶业市场调控和危机干预项目——市场责任计划（Market Responsibility Programme，MRP），以期对市场出现的危机及时监控、及时干预，避免过激的市场动荡对产业产生严重的危害。

MRP 的主要运作规则是，组建危机监控部门，负责对市场指数（Market Index，市场指数 =100，代表生鲜乳收购价格 = 生鲜乳生产成本，指数＞ 100 时盈亏正平衡，指数＜ 100 时盈亏负平衡）的密切监控，当市场指数低于 100，且跌幅达到 7.5% 时发布早期预警公告，并启动过剩乳品储备，实施多种举措鼓励利用过剩生鲜乳饲喂犊牛、育肥小母牛来消耗库存；当市场指数低于 100 且跌幅达到 15% 时，正式发布危机干预公告，启动危机干预措施，采取强制限产措施，并给予牧场一定的限产补偿，并在此时期对产量增加的牧场收取一定的增产税；当市场指数低于 100 且跌幅达到 25% 时，实施全面限产措施，采取强制措施降低生鲜乳生产量 2% ～ 3%，直至危机解除。

（二）繁殖与育种技术进展

荷兰奶业高度重视现代科技在奶牛养殖中的作用，通过不断利用现代化的奶牛育种和繁殖技术逐步改良奶牛种群，实现奶业整体效益的提高。荷兰在奶牛育种方面已经走在了世界前列，是世界上出口奶牛活畜和冻精最多的国家之一。目前荷兰奶牛人工授精普及率几乎达到 100%，全年冻精使用量 274.3 万剂，平均每头成母牛使用冻精 1.72 剂（CRV，2014）。

CRV 公司是荷兰唯一一家从事奶牛育种、奶牛生产性能改良服务的公司，荷兰奶牛的育种计划都是 CRV 公司根据奶农的需求来制定的。荷兰的奶牛育种重点关注长寿性（Longevity）、健康和繁殖力（Health and Fertility）、生产性能（Production）、体型（Conformation）和可靠性（Reliability）五个方面。2007 年开始，荷兰正式采用全新的综合育种指数 NVI 来进行奶牛选育。NVI 育种公式如下：

$$NVI=-0.06\times kg\ Milk+0.7\times kg\ Fat+4.2\times kg\ Protein+7\times(DU-100)-2\times(SCC-100)+5\times(FER-100)+4\times(Udder-100)+4\times(FL-100)$$

Milk：奶产量；Fat：乳脂肪；Protein：乳蛋白；DU：奶牛持久力；SCC：体细胞数；FER：繁殖性状；Udder：乳房结构性状；FL：肢蹄健康性状。

与常见的其他国家采用的育种指数不同，NVI 公式中奶产量 Milk 的加权系数是负值，而奶产量、乳脂肪、乳蛋白、体细胞数等乳品质相关的参数中，乳蛋白的加权系数最大。荷兰生鲜乳 1/2 以上用于加工奶酪，因此奶牛选育更看重乳蛋白的含量，而产量是次要的。DU 代表奶牛的终生效益，将这一概念融入奶牛育种体系是荷兰所特有的。近年来，荷兰奶牛育种值中还引入了饲料转化效率等特殊育种指标，这些荷兰独有的育种指标也是荷兰奶农更为看重的——为了奶牛的长寿、健康，获得最大的终生效益。

2000 年以后，荷兰开始开展基因组选择技术、性别控制技术等繁育技术的应用研究；在新品种培育方面，目前正在致力于无角奶牛新品系的培育和耐热新品种奶牛的培育工作。

（三）营养与饲料技术进展

荷兰奶牛饲养技术也在不断改进。奶农十分重视科学饲养管理奶牛，根据奶牛的生理状况、生产性能和生产季节配置科学合理的饲料配方，使奶牛的生产潜力得到充分发挥。

青贮饲料在荷兰奶牛饲养中占有重要地位。荷兰的海洋性气候十分适宜牧草生长。2010 年，荷兰 200 万 hm^2 的农地中有 50% 以上被用作牧场，其中有约 30 万 hm^2 的农地被用来种植饲料作物。2000 年后，奶牛日粮以牧草青贮为主，占 60%，玉米青贮占 35%，青干草占 5%。

近年来荷兰的奶牛营养与饲料加工技术研究侧重于环境保护和精细化饲养等方面，目前重点研究包括科学调配日粮降低奶牛甲烷排放、人为控制干奶期长短提高奶牛围产期健康研究，奶牛瘤胃对环境变化的适应能力研究等。

（四）疫病防控技术进展

荷兰奶牛的疫病控制主要通过 3 个层次来进行。基础层级：即私营兽医，向农场主或综合企业提供兽医诊疗和咨询服务；第二层级：私人实验室、动物健康服务、饲料和兽药公司的教育部门；第三层级：大学、政府、国家参考实验室。第一和第二层次在动物疾病防控中起着非常重要的作用。

1993 年荷兰成立了 GD 动物健康服务中心（GD Animal Health），在荷兰的动物疫病防控和传染病清除方面发挥了重要作用。GD 最开始受政府和企业的双重资助，目前已经转制成为完全独立经营的私营公司，拥有荷兰全国最大最权威的动物疾病诊断实验室，员工 400 人，每年对外提供实验室检测 400 万次，年收入达 5 000 万欧元，目前是荷兰农业部指定的动物卫生认证和监测单位，负责为政府、企业、执业兽医和农场主制定动物卫生控制计划，提供实验室诊断服务，承担全国动物疫病的监控工作，负责重大疫病的诊断和报告，并开展培训、咨询和研究工作。

荷兰不仅对世界动物卫生组织公布的需要重点防控的疫病进行积极监控和清除，同时也制定了本国需要监控和清除的疫病清单，并实施严格的防控程序（表 3）。

表 3　荷兰重点监控的奶牛疫病及防控程序

疫病类型	疫病名称	防控现状	防控程序
世界动物卫生组织列举	口蹄疫 FMD	已净化 2001 年	无疫病监测
	布病 Brucellosis	已净化 1999 年	无疫病监测
	结核病 Tuberculosis	已净化 1976 年	无疫病监测
	牛白血病 leucosis	已净化 1999 年	无疫病监测
	蓝舌病 Bluetongue	已净化 2012 年	无疫病监测
荷兰本国列举	沙门氏菌病 Salmonella	强制监测	每年 3 次大罐奶样本抽查； 流产母牛采样检测； 急性患畜隔离处理，专业诊疗咨询服务
	钩端螺旋体病 Lepto	强制监测	疑似病例血样检测
	副结核 Paratb	强制监测	个体奶样检测； 发现病畜立即扑杀
	新孢子虫病 Neospora	防控	每年三次大罐奶样本抽查； 所有流产母牛采样检测

续表3

疫病类型	疫病名称	防控现状	防控程序
	牛传染性鼻气管炎 IBR	无疫病认证	无疫病认证
	牛病毒性腹泻 BVD	无疫病认证	检测奶样和血样，判断是否为病毒携带者； 病理解剖检测； 犊牛血清检测； 监控流产牛

资料来源：GD Animal Health, 2015。

（五）奶牛场粪污处理与环境保护技术进展

荷兰是典型的人口密集地区，自然资源有限，在这种前提下发展畜牧业，必须重视畜牧业排放对自然资源的影响，尤其是粪污排放对土地和水资源的污染。20世纪80年代，欧洲开始采取各种措施来减少畜牧业废弃物对环境的污染，奶牛粪污处理被提上议事日程，成为牧场发展的又一挑战。1984年欧洲实施的牛奶生产配额政策，在限制牛奶产量的同时也限制了奶牛饲养的规模；1987年，荷兰制定法律严格限定牧场粪污排放，规定每年9月份至次年2月份严禁向土地排放粪尿，迫使牛舍采用漏缝地板在地下建设集粪池，冬季将粪污在地下集中存放；1991年，欧盟实施硝酸盐指令，规定硝酸类肥料的最大使用量为每公顷土地不超过170 kg，荷兰则针对奶牛养殖业出台相应的规定，要求每公顷土地饲养超过2.5头牛以上的牧场，氮磷元素的进出必须进行登记，并且强制缴纳粪污处理费。

在20世纪90年代，还有很多法令对解决牛场粪污进行了指导，例如建设有顶棚的粪污池以减少氨气的排放；秋冬季牛粪被禁止以灌浆形式排放到草地上；牛粪利用也被限制了最大水平；政府规定牛舍建设成本的 25% 用于建设地下粪肥收集处理设施。

2007 年，荷兰开始规定新建动物圈舍必须经过环境影响评价和环境污染预防审批，符合低排放标准方可予以批准建设；2014 年，荷兰全面启动了粪污强制处理机制，牧场产生的所有多余粪污必须强制进行加工处理。

除相关环境保护法律，荷兰政府也出台了一系列补贴政策，帮助解决由畜禽产生的粪污过剩问题，如制定了粪肥长距离运输补贴计划以及将粪便加工成颗粒粪肥出口计划，且政府补贴建立粪肥加工厂。

至今，荷兰奶牛养殖业已针对粪污无害化处理和循环利用，开发了一套具有荷兰特色的“漏缝地板 + 液压刮粪板 + 固液分离 + 筛分固体压块”一体化工艺，从粪污收集、干湿分离到干物质深加工都有完善的配套处理设施，固液分离后获得的液体部分经沉淀澄清后灌溉农田施肥，残余的固体有机物则利用筛分固体压块一体化技术进行深加工，将剩余牛粪制成有机肥或者燃料棒，增加牛粪附加值。

粪污处理和环境保护相关的研究也是荷兰畜牧业科技研发的一项重要内容，目前重点攻关内容主要为粪污的深加工处理技术，通过改善日粮营养结构及磷酸盐浓度降低磷排放，通过提高饲料转化率降低甲烷排放，以及通过粪肥加工技术改良升级提高粪肥品质，从而替代化肥等。

五 2016年奶业发展的基本判断

2016年的荷兰奶业仍将面临严峻的市场形势带来的考验，全球奶业形式低迷加之本土生鲜乳产量持续上升，生鲜乳价格仍将继续下滑，迫使小规模和生产力低下的牧场不断淘汰出局，奶牛牧场的平均养殖规模将进一步提高，规模化养殖比例增高。

由于生鲜乳产量增加、发展中国家的乳制品消费量增加和欧元汇率的持续走低，荷兰乳制品的出口量和出口比例将进一步增加，尤其对中国、非洲等地区的出口量将有显著上升，在国际乳品市场中的份额将进一步增加。

（刘 潇　李胜利　刘 凯）

参考文献

[1] Dutch Dairy Association: http://www.nzo.nl/en.

[2] Dutch Dairymen Board: http://ddb.nu/.

[3] FAO: http://www.faostat3.fao.org.

[4] Statistics Netherlands: https://www.cbs.nl.

[5] ZuivelNL/Dairy NL: www.zuivelnl.org.

[6] 范伟兴，等．荷兰乳制品安全及疫病防控体系对我国牛奶产业链的启示 [J]. 中国奶牛，2013(11): 57-61.

[7] 郭爱珍．荷兰养牛业考察报告 [J]. 中国奶牛，2011(19): 28-32.

[8] 李孟娇，等．发达国家奶牛规模化养殖的粪污处理经验 [J]. 世界

农业 , 2014(5): 10-15.

[9] 李胜利 , 王锋 . 世界奶业发展报告 [M]. 北京 : 中国农业大学出版社 , 2014.

[10] 刘玉满 . 李静 . 荷兰以家庭农场为基础发展现代奶业 [J]. 中国农村经济 , 2005: 71-77.

2015年
爱尔兰奶业发展报告

爱尔兰的农业和食品工业始终在爱尔兰经济中占据非常重要的位置。爱尔兰农业部2014年度报告显示，爱尔兰初级农业总产值为70.24亿欧元，约占GDP的3.79%。截至2015年12月份，爱尔兰共有牛只642.2万头，绵羊332.5万头，生猪147.5万头；相比2014年，牛只数量增长了17.9万头，增幅2.9%。其中成母牛数量（相比2014年增幅9.9%）及1岁以下动物（相比2014年增幅7.4%）增幅较大。

一 奶牛养殖业

（一）奶牛养殖模式

爱尔兰全国共有约18 000个奶牛场，每年牛奶产量超过500万t。其主要奶牛养殖品种为荷斯坦牛和娟姗牛。

爱尔兰的奶牛养殖主要有两种模式：放牧和圈舍饲养。在放牧条件下，奶牛绝大多数时间都可以在草地上自由采食，放牧大概从每年的 3—11 月份，与牧草的生长时间基本一致，具体放牧时间因所处地区不同有所差异。到了寒冷的冬季，奶牛结束放牧，回到圈舍内饲养（大多数奶牛此时正处于干奶期）。这种放牧模式多为春季产犊，可以使奶牛最大限度地利用草地资源。与春季产犊相反，爱尔兰也有一些牧场选择在秋季产犊；这样的奶牛通常只有干奶期时在草场自由采食和活动，其他时间饲喂全混合日粮以满足其营养需要。此外，爱尔兰的部分牧场兼有春季产犊和秋季产犊的牛群。

春季产犊与秋季产犊两种生产模式各有利弊。春季牧草开始生长，草产量急剧增加，此时配合产犊，可使奶牛在产后得到充足的采食量，在满足其营养需要的同时节约日粮成本。当然，也正是由于多数奶农选择春季产犊，冬季这些奶牛进入干奶期时，全国牛奶总产量下降，奶价升高；而秋季产犊的牛群此时处于产奶高峰期，能获得较高利润。此外，由于管理因素的差异，有些本应春季配种、产犊的奶牛若因疾病、体况等因素不宜进行人工授精时，也会顺延到秋季进行产犊。

（二）奶牛养殖规模及奶产量变化

欧盟牛奶配额制在 2015 年 4 月 1 日已取消，这为爱尔兰奶业带来更多的发展机遇，同时也带来了挑战。根据欧盟 2015 年的工作报告，爱尔兰的总产奶量相比 2014 年增长了 13%，为欧盟国家中增幅最大的国家。其成母牛存栏量在 2015 年达到了最高点，首次超过 120 万头（图 1）。2014 年之前，爱尔兰奶牛的年单产水平维持在 4.9 t 上下浮动，2015 年首次突破至 5.1 t（图 2）。与此同时，尽管奶产量增加，生产成本降低，但由于市场消费趋于饱和，2015 爱尔兰每千克牛奶的产值相比 2014 下降了 0.09 欧元，约折合人民币 0.63 元。

爱尔兰的牛群规模逐年增加，截至 2014 年，爱尔兰牧场成母牛平均观模约为 62 头，最大规模为 2 000 头左右（表 1）。

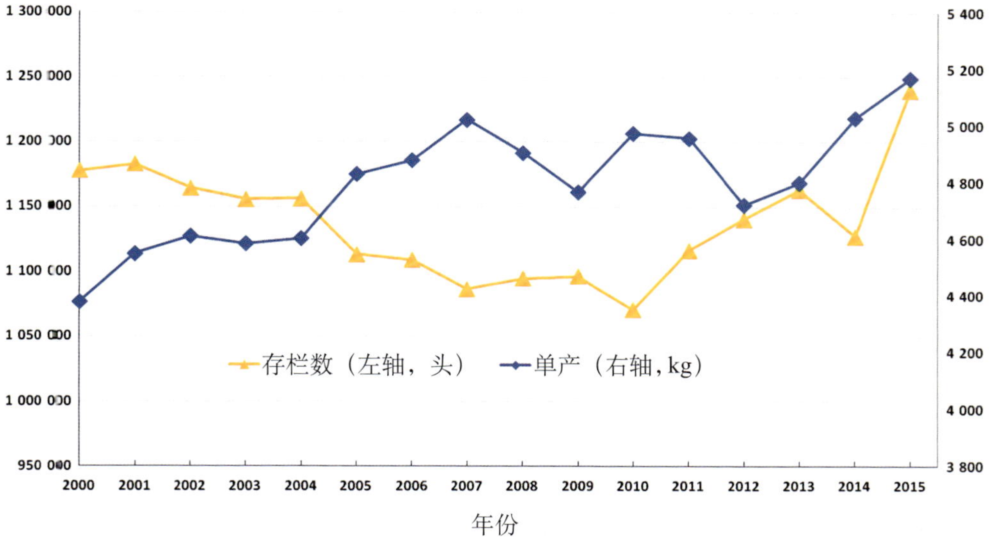

图 1 2000—2015 年爱尔兰奶牛存栏数及平均奶产量

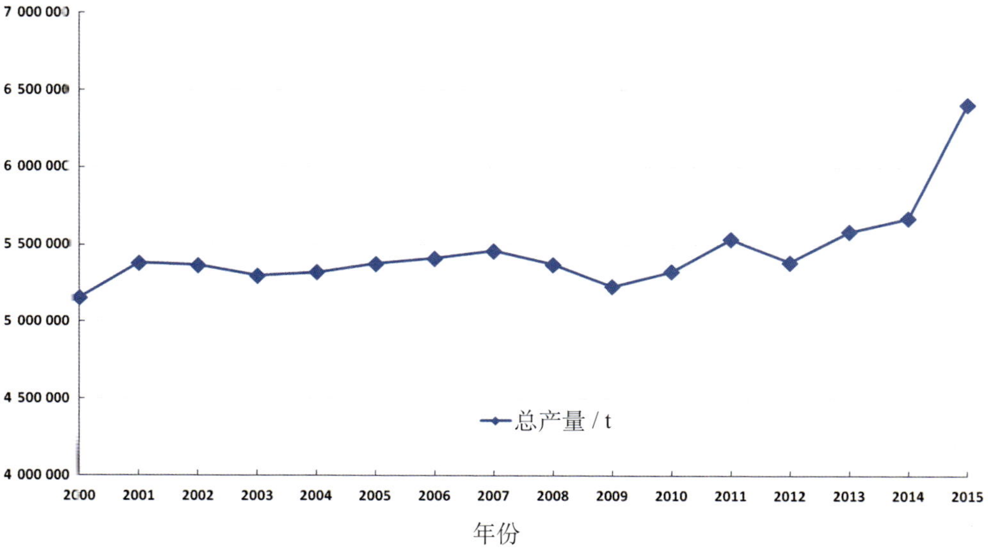

图 2 2000—2015 年爱尔兰牛奶总产量

表 1　爱尔兰平均牛场规模变化

年份	奶牛场数量 / 个	成母牛头数 / 万头	平均成母牛规模 / 头
2005	26 800	110.1	41.1
2010	18 500	111.7	60.3
2013	15 600	124.0	79.5

二 乳制品加工及产量

爱尔兰虽然国土面积小、人口少，却是全球最重要的乳品生产和贸易国家之一。每年生产的超过 500 万 t 原料奶中，约 10% 用于生产液态奶，其余用于生产其他乳制品，包括奶粉、奶酪、黄油等。在爱尔兰，大部分牧场采用独立经营的家庭牧场模式，奶农构成了奶业生产的主体。乳制品加工生产企业大多采用合作社形式，其中最大的 6 家加工商分别为 Glanbia、Kerry、Dairygold、Lakeland、Aurivo 和 Arrabawn。自 2001 年起，这 6 家企业占据了爱尔兰全国 80% 左右的牛奶加工份额。

不同乳制品的产量主要与生鲜乳的加工密切相关，同时受到市场、生产、欧盟政策等多方面因素的影响。与总产奶量一致，爱尔兰的脱脂奶粉及黄油的产量在 2015 年有明显上升（图 3）。

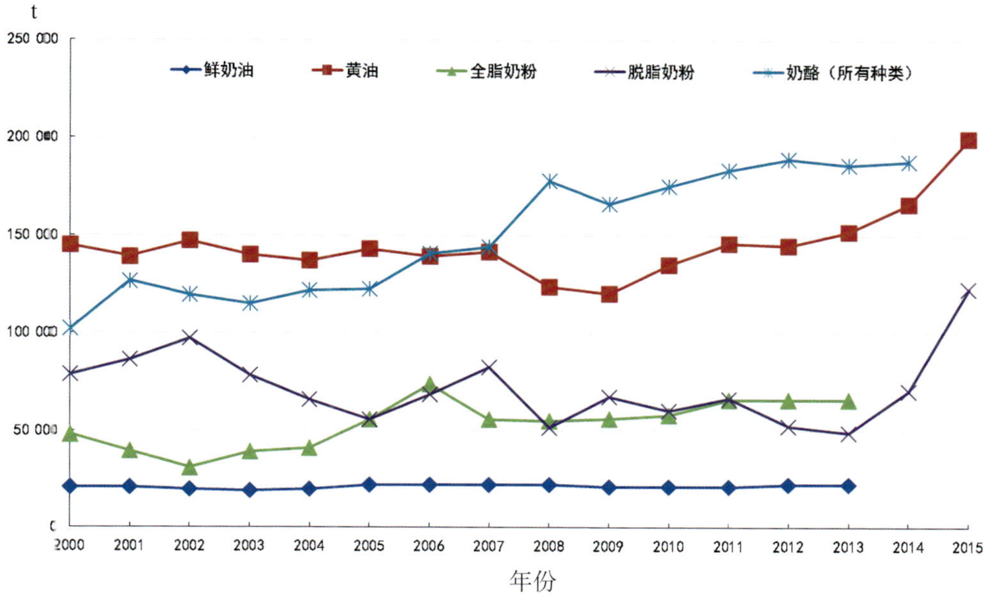

图 3 2000—2015 年爱尔兰不同乳制品产量

三 乳制品消费

在爱尔兰，乳制品是人们生活中不可或缺的部分。由表 2 可知，人均乳制品消费量中，饮用奶所占比例最大。就乳制品供给率来看（表 3），黄油的人均供给率最高，达 10 倍多，其次是奶酪。饮用奶在 2005 年之前基本可以达到自给，但 2005 年之后自给率逐渐下降。

根据爱尔兰人口饮食结构的调查，男性消费者的乳制品摄入量显著高于女性。乳制品为人们日常摄入的能量、蛋白、脂肪、钙、磷、维生素 A 贡献了重要力量，分别为 11%、14%、17%、48%、24%、27%。

表 2　爱尔兰人均乳制品年消费量（2002—2011 年）

项目	2002	2003	2004	2005	2006
奶酪 /kg	6	6	7	8	7
黄油 /kg	3	3	3	3	3
鲜奶油 /m^3	2	2	3	3	3
饮用奶 /m^3	152	152	145	135	142
项目	2007	2008	2009	2010	2011
奶酪 /kg	7	6	6	7	7
黄油 /kg	3	3	3	3	3
鲜奶油 /m^3	3	3	2	2	2
饮用奶 /m^3	140	137	134	134	135

表 3　爱尔兰乳制品生产自给率　　%

项目	2000	2001	2002	2003	2004	2005
奶酪	442	559	533	447	439	349
黄油	911	869	955	988	1 042	1 071
奶油	70	84	99	100	84	117
饮用奶	98	99	98	96	97	100
项目	2006	2007	2008	2009	2010	2011
奶酪	482	455	646	580	526	587
黄油	1 035	1 059	939	915	1 003	1 082
奶油	72	81	81	84	86	82
饮用奶	94	93	92	88	87	87

注：自给率 =（生产量 / 表观消费量）×100%；自给率大于 100% 说明该乳制品生产量高于消费量（需求量）。

四 乳制品贸易

出口贸易是爱尔兰经济的重要组成部分。90% 的牛肉及 85% 的乳制品都会出口到世界各地。全球约 10% 的婴幼儿配方奶粉产自爱尔兰。当前，爱尔兰是世界上第十大乳制品出口国。

自 2014 年，爱尔兰对亚洲市场的乳制品出口增加了 30%，北美增加 18%、中东增加 19%。在全球 140 个出口国中，爱尔兰最主要的贸易伙伴有英国、中国、德国、荷兰和美国。其中，近邻英国是爱尔兰乳制品出口最多的国家。中国在近几年超越欧盟各国，成为爱尔兰第二大乳品出口国。

五 促进奶业发展的主要政策

（一）促进农业和奶业的生产及加工政策

1. 扩大生产政策

农业丰收 2020（Food Harvest 2020）是爱尔兰农业、食品及海洋事务部出台的一项针对农业及渔业食品的发展策略。响应 2015 年欧盟取消牛奶配额制，这项政策可确保农渔业部门能够最大程度的提高生产量，以促进爱尔兰出口依赖型经济的复苏。其中要求总奶产量要逐步增加到 50% 以上。

2. 农业补贴政策

(1) 基础农场补贴（Basic Payment Scheme） 基础农场补贴在 2015 年 10 月份替代之前出台的单一农场补贴（Single Payment

Scheme）。补贴对象为所有实际运营的牧场，补贴数额视 2013 年或 2015 年申报的符合条件的农场面积而定。单位面积补贴额低于平均值 90% 的农民所得到的补贴会适当增加，而单位面积补贴额高于平均值的农民所得到的补贴会适当减少。

（2）贫困地区计划（Disadvantaged Area Payments） 针对饲草生长地区的条件差异，爱尔兰将其分为重度缺陷区（洼地）、轻度缺陷区（洼地）及山地放牧区。在这类地区放牧（奶牛、肉牛、绵羊、山羊、马或鹿）的农民会得到额外补贴，所得到的补贴金额由地形级别决定。

（3）奶业设备补贴（Dairy Equipment Scheme） 此项政策是为鼓励奶农增加牛奶产量而制定的，补贴对象大多是年轻或刚接手农场的农民。通过国家提供的补贴，农场运营最初的资金流转问题得以缓解，同时可确保奶农获得最先进的科学技术及相关设备，以应对日益激烈的国际奶业竞争。

（二）促进奶业贸易政策

1．共同农业政策（CAP, Common Agricultural Policy）

CAP 是欧盟在 1960 年出台的最重要的共同政策之一。爱尔兰的很多政策都与欧盟的共同农业政策相关。CAP 出台的最初目标是增加农业生产力，确保农业人员的相对公平的生活标准，稳定市场，保证食品供应以及给消费者提供价格合理的食品。它统一了农产品市场和价格，对农产品出口有一定补贴，并且有相应措施保护欧盟内部市场，减少其内、外部竞争。自 CAP 出台的 50 余年来，发生了许多变革和调整，其重心已由最初的为欧洲提供充足食物转变到依靠市场来引导、调节农业及农村发展上来。此外，目前 CAP 的政策更加关注农村发展、环境保护及生产的可持续性。

2．食品愿景 2025（Food Wishes 2025）

这项政策是爱尔兰农业食品政策委员会在“Food Wishes 2025”的报告中提出的。随着未来人口的增加以及国际市场的扩大，农业食品的发展将成为必然趋势。另外，目前全球农业资源的稀缺及农业环境的逐渐退化带来的压力将为爱尔兰带来更多机会。这项政策的目标是，在实现环境友好型生产和可持续发展的前提下，促进爱尔兰农产品的出口，如农产品贸易出口额在 2025 年增加 85%，即 190 亿欧元。

（三）促进奶业科技创新政策

奶业高效计划（Dairy Efficiency Programme）鼓励奶农参加讨论小组学习最先进的牧草管理、育种及财务管理方式，以发展高效率的生产模式。这个项目由爱尔兰农业、食品及海洋事务部管理，讨论小组的协调方需经过爱尔兰农业与食品发展协会（Teagasc）的培训协助其运行。

六 奶业科技进展

（一）奶牛育种与繁殖技术进展

爱尔兰的牛群遗传评定系统建立在奶牛育种数据库的基础之上。这套完善的数据体系在 2002 年开始建立，来源于牧场的后裔测定、人工授精记录、牛群信息手册、牛奶数据记录以及屠宰场、兽医、咨询师等各种来源，涵盖奶牛和肉牛行业。爱尔兰牛群育种协会（ICBF）作为服务于奶牛、肉牛育种的非营利性组织，旨在提供这样一个能选择具有优良基因种畜的数据库平台，帮助农民做出更长远的、更具有营利潜能的决定。

经济育种指数（EBI）是爱尔兰评价奶牛后代潜力的一个重要指标。它指该头奶牛的后代能够带来的高于平均水平的利润，单位为欧元。一头奶牛的 EBI 越高，说明其潜力越大。经济育种指数在 2001 年第 1 次被 ICBF 正式提出，之后历经了多次修订。它是一个综合性指数，通过对乳用、肉用、繁殖、产犊、健康、管理等多方面数据进行加权而得到。

同时，基因组选择技术已经在爱尔兰大规模应用。它能缩短世代间隔，提高选择强度。目前，基因组选择应用的性状几乎涵盖了奶牛育种目标中的所有性状，大大降低了奶牛的育种成本，加快奶牛的育种进展。

从繁殖技术上来看，人工授精技术在爱尔兰应用广泛。由于牧场模式多为家庭牧场，人工授精大多由牧场主自己完成或承包给专业配种人员。放牧条件下，人工授精工作结束后，针对一些屡配不孕、情期不正常及潜在的流产牛只，牧场主一般都会根据牛群规模的大小，选择 1 头或数头公牛进入牛群，尽力确保更多的奶牛受孕，提高繁殖率。

对于春季产犊的奶牛，Teagasc 提出的“早春紧凑产犊模式”是当前适合爱尔兰的最为高效的模式。其目标是使奶牛在产犊季节开始的前 6 周内产犊 80% 以上，这样的牛群产犊间隔为 365 d，相比全国平均 394 d 的产犊间隔，可以极大地降低生产成本，增加牧场利润。

（二）奶牛饲料与营养技术进展

受到土地及气候条件的影响，爱尔兰的牧草种植极为广泛，也为畜牧业的发展提供了绝佳机会。然而，高效的放牧体系需要做到牧草生长与奶牛营养需求之间的平衡。如何能在牧草产量最大化的同时使奶牛生产达到最优化是 Teagasc 研究的重要课题。爱尔兰对牧草的种植与管理投入了大量研究，包括春季轮牧计划、秋季牧草预算计划、牧草的补播项目等。同时，奶牛配合放牧体系的精料饲喂量也是研究的热点问题。

（三）原料奶质量控制与计价体系

1．原料奶质量控制体系

（1）动物信息与牧场管理　在爱尔兰，每一头奶牛自出生起就有了身份证，即护照。护照号码与耳标号一致，并且记录在系统中管理。护照上记录了这头牛的出生信息、血统及动物疾病信息。奶牛的交易或转移、饲喂的饲料来源、血液或奶样的检测结果等都要记录在护照中，并且做到护照随牛走。同时，会有政府人员定时来牛场进行检查，监督牛场的养殖和管理规范、设备的消毒和卫生条件等。此外，兽药的购买和使用、注射疫苗等各种程序都需要牧场人员做相应记录，以供监管人员抽查。这样便实现了牛奶生产的全程可追溯。

（2）生鲜乳质量控制　爱尔兰法律对于生鲜乳的质量控制有一套严格而详细的标准。从原料奶的收集、储藏，到挤奶工的操作规范、挤奶厅的卫生和挤奶设备的运行，到最后牛奶的运输及设备的清洗，这些要求是保证牛奶质量的重要前提。此外，在乳品企业收奶时，会对牛奶进行质量检测，根据检测结果判断牛奶是否达到质量标准。检测内容有乳成分、体细胞数、细菌数、抗生素残留等。未达标的牛奶，乳企拒收，农场会受到惩罚，禁止再向乳品加工企业提供生鲜乳。

（3）乳品企业的质量控制　对于乳制品的加工过程，爱尔兰法律也对其进行了细致的规定。爱尔兰的乳品加工行业组织自己也制定了一套行业标准，且比欧盟标准更加严苛。该管理体系制定了工厂设计、车间管理、设备和卫生等方面的标准。国家通过实施产品认证和 HACCP 认证体系提供了从农场到产品的全过程质量保障。

2. 原料奶计价体系

爱尔兰的原料奶计价体系由 4 个部分组成：每千克牛奶中的蛋白含量，每千克牛奶中的脂肪含量，牛奶体积，牛奶质量的奖惩。现在爱尔兰大约有 70% 的牛奶是通过 A+B－C 的方式计价（乳蛋白价格 × 乳蛋白量 + 乳脂价格 × 乳脂量－牛奶体积 × 运输费用，单位：kg），且另外 30% 正在逐渐向此计价模式转变。因此，乳蛋白和乳脂产量是影响原料奶价格的最主要因素。若牛奶质量不达标，将大幅度降低奶价。

随着系统的不断改进，目前又出现了一种季节性计价体系。如前文所述，由于爱尔兰的放牧体系本身具有季节性，因此每年的产奶高峰期（4—6 月份）会产生额外的牛奶加工需求。此时牛奶产量多，奶价相对低。而在冬季，爱尔兰的牛奶产量相对较少，奶价会略有升高。

（四）奶牛疫病控制体系

欧洲各国十分重视动物健康与动物福利。爱尔兰根据其以放牧为主的养殖模式建立了一套完善的奶牛疫病防控体系。

1. 疫病的监控

作为农场主，监控牛群健康状态的最简单方法就是定期观察牛群有无疾病信号，并且对可疑牛只进行早期的兽医诊断。然而，从国家的监管层面来说，这些是远远不够的。爱尔兰目前有一些新型的疾病诊断方法，在牛场中使用经济且高效。

（1）大奶罐牛奶检测　通过从储存牛奶的奶罐中取样，可以检测泌乳牛群是否健康、牛奶是否安全。可检测项目包括：病毒性腹泻、牛传染性鼻气管炎、细螺旋体病、新孢子虫病、沙门氏菌病、寄生虫病等。

（2）个体牛奶检测　每2周可对泌乳牛进行单独的牛奶取样，检测个体是否存在病毒性腹泻、细螺旋体病、沙门氏菌等疾病。

（3）特定断奶犊牛的血液检测　对某些经济育种估计值较高的断奶犊牛，特别是目标种用的公犊，可对其进行血液检测，检测内容有病毒性腹泻及细螺旋体病。

（4）耳标检测　犊牛出生1周后，在打耳标的同时需要对其耳部组织取样，检测是否存在病毒性腹泻的患病风险。

2. 疫病的出现或进入

牧场应实行封闭的牛群政策，防止疾病的直接传递。爱尔兰是目前欧盟内少有的没有蓝舌病的国家之一。每1头新引入牛群的奶牛都要进行肺结核、布氏杆菌、病毒性腹泻、传染性鼻气管炎等疾病的检测。

牧场内的生物安全措施也十分重要，如隔离、防止疾病传染的围栏及蹄浴等。

3. 疫病的传播

通过注射疫苗防止疫病突发时的大规模传播。Teagasc 推荐奶农制定适合自己牛群的疫苗和注射计划。

（五）奶牛场粪污处理与环境保护技术进展

爱尔兰牧场粪污处理的主要方式是还田。有法律（2010 欧盟法规）对土地氮的排放量有明确规定，每年每公顷土地，家畜粪污在田中的含氮量排放不得超过 170 kg。该法规还制定了一些措施控制土地的过载问题，包括在特定时间采取特定程序施肥；对土地施肥限制的同时需要遵循正确、科学的农业规范；动物粪污的存储方式及对粪污储存的管理规范。

七 值得借鉴的主要经验

（一）经营模式方面的经验

1. 奶业利益连接机制完善

爱尔兰的乳制品加工企业大多为合作社形式，奶农通过持股参与董事会决策，从而与乳制品企业和政府产生联系。奶农是产业链的源头，生产出的牛奶交付给乳制品加工企业，乳制品加工企业则是检测牛奶质量的第一关。它们相互合作、监督，利益紧密相连。而在中国，奶源是整个奶业链生产中最为薄弱的环节，奶农是弱势群体，其根本原因在于利益联结机制的不健全。像爱尔兰这样建立生产、加工、营销为一体的合作社可以有效保护奶农，通过合作社规范奶农，统一利润分成，让散户、小规模农户也能享受到大企业、大资本带来的利益。

2．社会化服务体系完善

爱尔兰有许多与奶业有关的组织、协会或公司，有些是直接受到农业、食品及海洋事务部的管理；有些是民间组织；有些则是奶农们组成的企业。这些组织涵盖了奶牛养殖的所有环节，包括饲养管理、遗传育种、疾病健康、环境保护等。甚至有专门针对农民学习、交流的报刊，如《农民报》，它们为奶农提供了多方面的资源和服务，在此平台上可以进行技术咨询、生产培训、同行之间的业务交流等。这种模式能够促进奶农之间的了解，帮助其互相促进和提高。此外，在爱尔兰，若想成为牧场主必须先经过专业的课程学习和培训，取得相应的从业资格证书后才可以接管牧场，哪怕是从祖辈手中继承牧场的人也不例外，这种严格的“驾照”式准入制度使得每一代农民都能通过爱尔兰先进的培训体系得到最先进、科学和系统的知识和经验。而中国的养殖小区及散户目前存在的突出问题之一是从业者受教育程度低，未接受过系统培训。很多养牛的经验都是从父母长辈或朋友那里学来的，其科学性和先进性难以得到保障。如果我们能学习这种农民培训体系，就能改变养殖小区和散户因专业技能不足而造成的养殖水平低下的现状。

（二）产业政策方面的经验

1. 原料奶质量控制体系健全

爱尔兰建立了一套完善的原料奶质量控制体系。原料奶是整个奶业链最上游，也是最重要的一环，其质量直接影响牛奶及后期乳制品的质量。加工产业则位于中游，乳制品的营销为下游。爱尔兰的体系涵盖了原料奶的质量控制、牛奶的加工、各组织间的监管，并且在其完善的信息记录系统下可实现完全可追溯。这对于目前的中国具有重要借鉴意义。食品安全始终是中国奶业的一块心病。消费者对于本土乳制品的怀疑态度源于牛奶质量控制环节及政府监管环节的不信任。只有从源头上改善奶源质量，规范原料奶的生产流程，才能提高中国乳制品的竞争力。

2. 大力改造草地，提高草产量

爱尔兰虽有适合牧草生长的气候条件，但由于土壤和地形问题，牧草生长得并不理想。十几年前，爱尔兰开始大力推行草地的改造政策。通过 10 余年的坚持，终于将草产量逐步提高到现在的每公顷生产干草 15 000 kg。我国幅员辽阔，可根据各地的气候及水资源分布条件，因地制宜，通过草地的科学管理，适当发展草牧业。这样不仅可降低牛奶的生产成本，促进资源高效利用，也可以通过粪污还田的模式缓解粪污处理压力。

（三）其他方面的经验

爱尔兰奶业注重环境保护与可持续发展。欧盟及爱尔兰对于粪污的排放及载畜量有明确规定。不得排放超过土地能消纳的粪污量，草场的施肥也有十分严格的要求。随着我国奶业的迅速发展，集约化养殖给环境带来的压力也渐渐凸显。控制粪污排放等类似措施在我国已经开始逐渐推行。我国应当在借鉴爱尔兰奶业发展经验的基础之上，推行高效可持续的粪污处理技术，将加强监管与推广先进的科学技术相结合，才能逐渐优化奶业结构，实现奶业的可持续发展。

（王斐然 史海涛 姚 琨 曹志军 李胜利）

参考文献

[1] BordBia. Export Performance & Prospects Irish Food, Drink & Horticulture 2014—2015, 2015.

[2] Burke, S.J., *et al*.. The influence of cereal and dairy consumption on the Irish diet: implications for developing food-based dietary guidelines[J]. Public Health Nutrition, 2005, 8(03).

[3] CSO. Consumption per Person of Dairy Products by Year.

[4] CSO. Livestock Survey December, 2015, 2016.

[5] CSO. Supply Balance for Dairy Prducts, 2015.

[6] Department Of Agriculture, F.A.M.. Annual Review & Outlook for Agriculture. Food and the Marine, 2015.

[7] Eurostat. Farm Structure Survey, 2014.

[8] FAOSTAT. Official Data, 2013.

[9] Sayers R., Mee J.. Acheving a Healthy Herd, in Moorepark Dairy

Levy Research Update. Teagasc, 2013.

[10] Shalloo L., Geary U.. Milk Payment Systems, in Teagasc Dairy Mannual. Teagasc, 2012: 180.

[11] Teagasc. Background Paper Dairy. 2014.

[12] Teagasc. Outlook 2016—Economic Prospects for Agriculture, 2016.

[13] Teagasc. Teagasc-Agriculture and Food Development Authority, 2014.

[14] 爱尔兰农业部 . Annual Report 2014, 2014.

[15] 李胜利，王锋 . 世界奶业发展报告 [M]. 北京：中国农业大学出版社，2014: 447.

[16] 李兆林，等 . 展望取消配额制后的爱尔兰奶业 [J]. 中国乳业，2014(6): 15-17.

[17] 那达木德 . 草地型奶业——中国奶业新的增长点 [J]. 中国奶牛，2012(20): 4-7.

[18] 欧盟委员会 . Milk Market Observatory, 2016.

[19] 新华网 . 爱尔兰概况，2002.

[20] 张学彪，聂凤英，李颖 . 爱尔兰畜牧业发展概况 [J]. 世界农业，2010.

[21] 赵之阳，爱尔兰奶业研究初探 [J]. 中国畜牧业，2013(16): 58-60.

[22] 中国驻爱尔兰大使馆经济商务参赞处 . 对外投资合作国别（地区）指南——爱尔兰 [M]. 北京：商务出版社，2014.